JN298545

やさしく学べる
保育カウンセリング

大竹直子　著

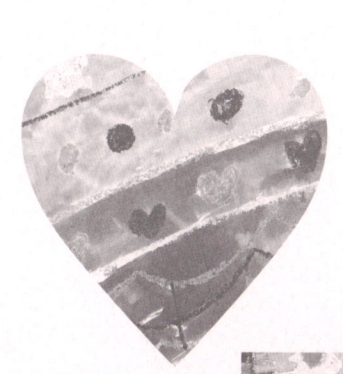

金子書房

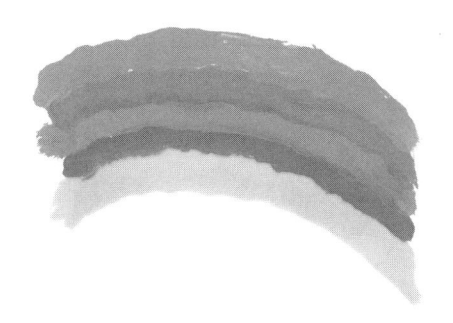

はじめに

このたびは、本書を手にとっていただき、ありがとうございます。

　今から10年ほど前、ご縁があって全国私立保育園連盟主催の「保育カウンセラー養成講座」の中の1講座を担当させていただくことになりました。そして、それをきっかけに、全国のさまざまな講演会や研修会によんでいただき、たくさんの保育者の先生方にお会いする機会をいただきました。また、保育園におじゃまをして、先生方や保護者、子どもたちとお会いする機会もいただきました。
　私がお会いした保育者の先生方は、みなさん、とてもあたたかく、一生懸命でした。子どものこと、保護者のことを、自分のことのように、真剣に考えていらっしゃいました。にもかかわらず、日々の忙しさや、さまざまな関係の中で心が疲れ、傷ついている先生方もいらっしゃいました。まじめに、一生懸命に取り組んでいるからこそ、心が磨り減っていたのです。

保育者には、実践を通して得ている知恵がある

　悩んでいる保育者の先生方にお話をうかがうと、先生方には、すでに経験や実践から得ている「知恵」がありました。しかし、日常の忙しさや、かかわりの難しさに翻弄されるとき、その知恵を活かしきれずにいたのです。
　しかし、私が、カウンセリングの理論や技法についてお話をすると、「私は、カウンセリングの理論だとは知らずに、これを実践していました」「これまで自分のやり方について"これでいいのかな？"と不安に思っていたけれど、カウンセリングを学んでみて、"これでいいんだ！""自分のやり方を大切にしていいんだ！"と自信がもてました」「子どもや保護者に寄り添いたいと思っていたけれど、その方法がわからなかった。けれど、カウンセリングを学んでみて、私にもできることが、見えました」などの声をいただいたのです。保育者の先生方は、経験から知っていることを、それを大切にしてよいのか確信がもてず、せっかくある「知恵」が活かされていなかったのです。ところが、理論をもとに実践をとらえ直してみたとき、先生方が自然に実践していたことが、子ども

の心を育てること、保護者を支援することになっていたことを実感することができたのです。

「正しいこと」と「良いこと」は違う

　そのため、本書を読んでくださる皆様には、これを全部「やらなければならないこと」としてとらえるのではなく、「あ！これ、私やっている！」とか「しっくりくるなぁ」というところをみつけていただき、日々の実践の中で、それを大切にしていただくことができたら嬉しいです。

　「正しいこと」と「良いこと」は違います。理論で「正しい」ということも、自分の持ち味や相手の持ち味、その場の状況によって「良い」かどうかは異なります。何よりも大切なことは、本書を読んでいただきながら、心に浮かんでくる気持ちです。「私はどうかな？」「うちの保育園ではどうだろう？」と問いかけながら読んでください。そして、心に浮かんでくる気持ちを何よりも大切にしていただきたいと思います。

　そのように、読者の皆様と本書とが、静かなコミュニケーションをとりながら読みすすめていただくことができると、とても嬉しいです。

　なお、本書は、「保育カウンセリング」について書いていますが、これは「日常の人間関係に活かすカウンセリング」でもあります。そのため、保育者の先生だけではなく、幼稚園の先生、小学校、中学校、高等学校の先生、そして福祉関係や、医療関係の皆様にも、お役立ていただけるものと思います。

　本書の中の1つでも、お役に立つことができますように……ほんの少しでも、元気や、安心を得ていただけますように……いつも頑張っている自分自身を、より大切に思える機会となりますように……願っております。

大竹直子

目次

はじめに …………………………………………………………………… 1

Ⅰ. 保育カウンセリングの理論

1. 保育カウンセリングの位置づけ ……………………………………… 6
2. 保育カウンセリングとは？……………………………………………… 8
3. 保育カウンセリングの流れ …………………………………………… 10
4. 傾聴①　聴く態度 ……………………………………………………… 12
5. 傾聴②　聴き方のポイント …………………………………………… 14
6. 聴くことによって何が起きるのか？………………………………… 16
7. 聴き手に必要な３つの態度条件 ……………………………………… 18
8. カウンセリングの技法①　受容、繰り返し、明確化 ……………… 20
9. カウンセリングの技法②　伝え返し、質問 ………………………… 22
10. ミラーリング …………………………………………………………… 24
11. 私メッセージ …………………………………………………………… 26
12. リフレーミング ………………………………………………………… 28

Ⅱ. 理論を実践につなげるために

13. 「関係づくり」のために ……………………………………………… 30
14. 自分を知る ……………………………………………………………… 32
15. 安心モードに切り替えよう …………………………………………… 34
16. 人が悩むということ …………………………………………………… 36
17. 待つこと ………………………………………………………………… 38
18. 相手を変えようとしない ……………………………………………… 40
19. プレゼンス ……………………………………………………………… 42

Ⅲ. 実践　子どもとのかかわり

20. ボスよりリーダーになる ……………………………………………… 44
21. 言葉を手渡す …………………………………………………………… 46
22. 子どもの言葉、子どもへの言葉 ……………………………………… 48
23. 肯定的な表現 …………………………………………………………… 50
24. 具体的な表現 …………………………………………………………… 52
25. 困った子ども …………………………………………………………… 54

26. 発達に課題のある子ども①　子どもの発達を理解する……………………56
27. 発達に課題のある子ども②　かかわりのポイント …………………………58
28. 子どもの自己肯定感を育てる …………………………………………………60
29. 子どもたちを小学校に送り出す前に …………………………………………62

Ⅳ. 実践　保護者とのかかわり

30. 信頼関係をつくる…………………………………………………………………64
31. お母さんの心の揺れ①　母子分離と葛藤 ……………………………………66
32. お母さんの心の揺れ②　「母になる」ということ……………………………68
33. 面談のポイント①　セッティングと始め方……………………………………70
34. 面談のポイント②　終わり方……………………………………………………72
35. 面談のポイント③　円滑に話し合うために……………………………………74
36. 「言うべきこと」の伝え方………………………………………………………76
37. アドバイスのコツ…………………………………………………………………78
38. 難しい保護者へのかかわり①　ほどよい距離感………………………………80
39. 難しい保護者へのかかわり②　クレーム・要望………………………………82
40. 話が終わらない保護者・話してくれない保護者………………………………84
41. 精神疾患を抱える保護者…………………………………………………………86
42. 発達障がいが疑われる子どもの保護者への理解………………………………88
43. 発達障がいが疑われる子どもの保護者へのかかわり…………………………90

Ⅴ. 保育者の自己成長のために

44. 同僚との関係づくり………………………………………………………………92
45. アサーション………………………………………………………………………94
46. 助けを求められるようになろう…………………………………………………96
47. 管理職として、悩んでいる保育者と面談をするとき…………………………98
48. 「仕事を辞めたい」………………………………………………………………100
49. 保育者のメンタルヘルス…………………………………………………………102
50. 思い込みからの解放………………………………………………………………104
51. ストレスとの上手な付き合い方…………………………………………………106
52. 自分を受け容れる…………………………………………………………………108
53. 自分らしさを保育に活かそう……………………………………………………110
54. 楽しい職場を目指して……………………………………………………………112
55. 保育カウンセリングを学び続けるために………………………………………114

おわりに………………………………………………………………………………116

I 保育カウンセリングの理論

1. 保育カウンセリングの位置づけ

　「保育カウンセリング」は、心理学におけるカウンセリングの諸理論において、どこに位置づけられるのでしょうか。

　カウンセリングには、さまざまな理論があります。それぞれの理論やアプローチは、人が抱える悩みや問題の「とらえ方」「かかわり方」によって異なります。カウンセリングの諸理論を大きく分けると次の3つに分けられます（諸富,2010）。

カウンセリング3つのアプローチ

①「過去から解放されるアプローチ」（力動心理学）

　フロイトの精神分析に代表されるこの理論では、トラウマ（心的外傷；過去についた心の傷）へのとらわれによって、人は悩みや問題を抱えると考えます。そのため、現在の悩みを解決するために、悩みの根源を過去（特に幼少期）にさかのぼって探し、過去のとらわれから解放されることを目指します。フロイトは精神科医でしたので、これは治療の中でみつけた理論です。内面の病的な部分を見ていく理論といえます。

②「練習するアプローチ」（行動主義心理学）

　ワトソンの行動療法を代表とするアプローチです。できない行動ができるようになったり、物のとらえ方をポジティブにかえることで、悩みや問題を解決していこうとします。そのため、「目標とする行動」「より柔軟な認知の仕方」ができるよう、トレーニング（練習）していきます。練習することにより、新たな行動や認知を学習し、習得するこの理論は、もともとは動物実験から生まれたものです。

③「気づきと学びのアプローチ」（人間性心理学）

　カウンセリングの歴史において、最初は①②のアプローチが主でした。しかし、内面の病的な部分や一面的な行動に焦点をあてて人間を理解することを批

判、補完するかたちで誕生し発展したのが、この第3のアプローチ。マズローやロジャーズを代表とする人間性心理学です。

このアプローチでは、人が悩みや問題を抱え向き合うことは、人生で大切なことに気づかせてくれるチャンスであると考えます。つまり「悩みや問題は排除すればいい」と考えるのではなく、それを通して自分と向き合い、気づき、学び、自分らしく生きることを大事にします。解決を目指しながらも、それ以上に自己成長するプロセスを大切にするのがこのアプローチです。

保育カウンセリングで、心を育てる

保育カウンセリングは、③「気づきと学びのアプローチ」に位置づけられると考えられます。もちろん、保育者が、精神分析や行動療法・認知行動療法の知識をもつことで役立つことはたくさんあるでしょう。

しかし、子どもたち1人1人の育ちに寄り添うとき、子育てに不安や悩みを抱えている保護者を支援するとき、大切になるのは、子どもや保護者の「心を育て、支えること」です。子どもや保護者は、日々の中に数え切れないほどの不安や戸惑いや困難さを抱えます。こうした悩みに対して、保育者に寄り添ってもらいながら問題と向き合い、大切なことに気づき、自分らしく一歩前進する。このようなことを経験した子どもや保護者は、次に同じような出来事や問題に出会ったとき、自分の力で対処することができるようになるでしょう。

子どもと保護者の心に寄り添い、かかわり合い、共に成長する——これが「保育カウンセリング」です。

> **ポイント**
> 保育カウンセリングは「解決」より「心を育て、支えること」。

引用文献：諸富祥彦『はじめてのカウンセリング入門（下）ほんものの傾聴を学ぶ』誠信書房，2010

2. 保育カウンセリングとは？

　保育カウンセリングとは、「保育の実践者が行うカウンセリング」「保育者だからこそできるカウンセリング」です。保育の実践者が日常的・継続的に、保育や援助活動の中で、カウンセリングの理論や技法を活かすことにより、安心できる保育の環境や人間関係を築きます。そして、子どもや保護者、そして保育者自身・保育者同士の「自己成長」を援助します。

　「"保育""カウンセリング"」では、2つの異なる専門を実践するわけですが、カウンセリングの考え方は、決して「保育」の理念や哲学に遠いものではありません。2つの専門を学ぶことにより、人が人との間で育つということの理解を深めます。また、経験を重ねながら自己や心を形成していくために必要なこと、かかわり方、援助の仕方が、より明確に見えてきます。

カウンセリングとは

　カウンセリングとは、カウンセラーと相談者との、主に言語的なコミュニケーションをとおして、相談者が自分と向き合い、自己探索することにより、自己理解し、自己洞察を深め、そして自ら選択し、自己決定していくプロセスを援助することをいいます。つまり、カウンセラー（聴き手）は、あくまでも「お手伝い」「援助者」です。決して、「あなたの問題点は～だ」「こうしたほうがいい」「もっと～してください」などと、問題を指摘したり、アドバイスするものではありません。

　カウンセリングは、「正しく導くため」「悩みや問題をなくすため」「相手が失敗しないようにするため」のものではなく、「その人がその人らしく問題と向き合いのり越えていく」「自分にとって大切なことに気づき自己成長していくため」の学問であり、実践であるといえるでしょう。

　保育カウンセリングも同様。たとえば、子育てで悩んでいる保護者には、保護者の「悩みをなくすこと」よりも「悩みをとおして自分らしく安心して子育てをしていけるように一緒に考えていくこと」が大切になるのです。

カウンセリングの「ルール」と「枠」

カウンセリングには、話し手も聴き手も、どちらも安心して関係性を築き、気持ちと向き合っていくために、いくつかの決まりごとがあります。

① 時間の枠

通常のカウンセリングは、たとえば週に1度、1回50分という時間の枠があります。保育園で保護者と面談するときにも、1回30〜50分、どんなに長くても90分を越えないようにします。60分を過ぎると、話し手は気持ちを表出し過ぎてしまうこともあるでしょう。すると、後悔や怒りの感情となり、信頼関係に悪影響を与えてしまうことさえあります。

② 場所の枠

保護者との面談は、保育園のみで行いましょう。喫茶店で保護者と会うことや、勤務時間外に個人電話で話を聴くのはやめましょう。

また、「守られた空間」つまり、声がもれない部屋を確保しましょう。そこに、お花や植物などがあるとホッとできるでしょう。

座る位置や距離も確認しましょう。正面に向き合うよりも、90〜120度くらいの角度で座ります。(これは、立ち話をするときにも有効です。朝や帰りに保護者と話をするときにも、心がけてみてください。)

③ 秘密厳守

「話した内容は、どこにも漏れない」ことが安心感や信頼関係につながります。

> **ポイント**
> ルールと枠を守ることが、安心した関係とほどよい距離感をつくる。

3. 保育カウンセリングの流れ

　保育カウンセリングにおいて、話し手によって語られる（相談される）テーマは、気持ちの問題だけではなく、現実の問題や課題を含んだ具体的な問題であると考えられます。また、継続的なカウンセリングではなく、1回きりで終わる相談もあるでしょう。そのような保育カウンセリングでは、どのような流れをたどるのがよいでしょうか。

プロセス・モデル

　大変役立つモデルに「コーヒーカップ方式」というものがあります（國分,1979）。（このモデルを図に表すと、形がコーヒーカップに似ていることから、この名前がついています。）「①面接初期；リレーションをつくる、②面接中期；問題をつかむ、③面接後期；問題の解決方法や処置を講ずる」の3つのステップから成り立っています。

保育カウンセリングにおけるプロセス

　保育カウンセリングにおける、3つのプロセスを確認しましょう。

① プロセス1　関係づくり

　日常的に顔を合わせている相手であっても、守られた空間の中で会うのは、また雰囲気が違うものです。改めて関係づくりをするつもりで、話したいことを安心して話していただける雰囲気をつくりましょう。
　話しやすい雰囲気ができると、話し手は、自分の状況、自分の気持ちを言葉にしてくださるでしょう。話し手が保護者であれば、「先生は、私の身になって聴いている」「私や子どもをよくわかってくれている」という信頼感をもっていただけるように関係をつくる時間です。ここでは、話し手は、聴き手に向かって話をしています。

② プロセス2　自分と向き合う（傾聴）

　関係づくりができると、話し手は、より自分の気持ちの深いところを語り始めるようになります。①では、話し手は聴き手に向かって話していますが、徐々に、自分に向かって話しているような、気持ちを確認しているような語りになっていきます。そして、問題の本質、大切なことに近づいていくのです。

　ここが、カウンセリングの山場です。最も大切な時間となります。このとき、聴き手は、話し手のペースを大切に、ていねいに傾聴します。受容的な態度で、共感的に、話し手に寄り添っていきましょう。

③ プロセス3　「今、できること」を具体的にみつける

　②において、気持ちが整理できたり、大切な気持ちを言葉にできたら「それを踏まえてこれからどうするか」を話し合います。面接の最後5～10分の時間です。

　たとえば保護者との面談において、①で「子どもが、きちんとできないとイライラする」お母さんが、②で「子育てにプレッシャーを感じていたこと」「子育てを楽しめたらいいんだな」ということに気づいたのならば、③では、「子育てを楽しむために、今、できることには何があるでしょうか？」と問いかけます。お母さんが、「私は子どもの頃、絵本が大好きだったので、まずは、子どもに絵本を読んであげるところから始めたいと思います」などと言ったならば、応援する気持ちを伝えます。このように具体的に「今、できること」をみつけることが大切です。「それをしてみてどうだったか、また聴かせてください」と次回面談の約束をするのもよいでしょう。

> **ポイント**
>
> **プロセスは、急がない。**
> **話し手のペースを大切に進めよう。**

引用・参考文献：國分康孝『カウンセリングの技法』誠信書房，1979

4. 傾聴 ① 聴く態度

　カウンセリングの基本となるのは「傾聴」です。ただ相手の話を聞くだけではなく、相手の気持ちをわかろうとしながら、気持ちに寄り添うことが大切になります。

3つのわかる

　相手の話を聞くときには、相手をわかろうとして聞きますが、「わかる」には、次の3つがあります（広瀬,1997）。

① 解る……相手について知識を得ること。全体を分解して解ること。
② 判る……相手を判断する判り方。評価やタイプ分けをすること。
③ 分かる…分かち合うという分かり方。その人をあるがまま受け容れ（受容）、その人の在りように沿うこと（共感）。

　「①解る」は、たとえば「太郎くんは3歳です。父、母、姉との4人家族です。保育園から車で10分のところに住んでいます」など、知識、情報を得ることによる解り方です。
　「②判る」は、「太郎くんは、他の子どもより行動が遅く、甘えん坊の一面があります」など、他の人と比べて、一般的に見て、（保育者としての）経験から判断して「こんな傾向にある」「こんなタイプ」と判断する判り方です。
　集団で子どもを見る場合、①も②も必要な「わかる」ですが、カウンセリングで大切なのは「③分かる」です。分解したり判断したりせず、「あるがまま」「そのまま」を分かろうとすることが大切になります。

あるがままを分かろうとする

　「③分かる」について、もう少し考えていきましょう。
　たとえば、子どもを感情的に叱ってしまうお母さんがいるとします。カーっとなり、怒鳴り始めると、感情のコントロールができなくなり、子どもに感情

をぶつけてしまいます。そのお母さんは、「私は母親として失格」「子どもに悪い影響を与えているのでは」と不安を抱え、保育園の先生に相談するとします。このようなお母さんに対して、「①解る」「②判る」でかかわると、お母さんの問題点を指摘したり、アドバイスをすることもあるでしょう。

　しかし、「心」がかかわる問題は、問題点を指摘されたりアドバイスをされても簡単に解決はできません。「どうするべきか」頭でわかっていても、気持ちや行動は簡単に切り替えられないものです。気持ちの言い分に耳を傾けないまま、行動だけを変えることはできないのです。

　そこで、「③分かる」でかかわります。お母さんという1人の人の中には、感情的な部分、子どもを不適切に叱ってしまう部分だけではなく、自分を責めていたり、子どもへの影響を不安に思っている部分もあります。いろいろな思いが混沌としています。まずは、それを分解・判断しないで、「お母さん」をそのまま、あるがまま、分かろうとするのです。お母さんの問題点を指摘したり、アドバイスをするよりも、不安になり、葛藤し、悩んでいるお母さんの身になって感じてみるのです。

　人は誰かに悩みを相談するとき、「自分に代わって問題を解決してほしい」のではなく「自分の気持ちを分かった上で、一緒に考えてほしい」「自分の味方になって応援してほしい」という気持ちでいるのではないでしょうか。「先生に話してよかった」と保護者が思うのは、保育者が解決を急がず、保護者の気持ちを分かろうとしながら寄り添うときです。それにより保護者は「安心感」を得て、自分と向き合うことができます。「解決」よりも、その人の身になってみること、一緒に感じてみることが、よりよい関係を育み、一歩前進するエネルギーとなります。

> **ポイント**
> **解決を急がない態度、あるがままを分かろうとする態度。**

引用文献：広瀬寛子「看護においてなぜ自分を知ることが重要なのか」『看護学雑誌』61 (7), 1997

5. 傾聴 ② 聴き方のポイント

　人は悩んでいるとき、さまざまな心の声を発しています。「悲しい」「（自分に対して）くよくよするな！」「このままでは不安」「（他者に対して）～してくれたらいいのに」と。そのような気持ちが混ざり合っている心の状態をそのまま、あるがまま分かろうとするのが「傾聴」です。具体的には、どのように聴いていくのでしょうか。

うなずき・あいづち

　あたり前のように思える「うなずき・あいづち」ですが、心をこめた、ていねいな「うなずき・あいづち」は、それだけで話し手と聴き手の間に、安心できる雰囲気をつくります。聴くことに集中できていないと、あいづちのタイミングは、ずれるものです。心をこめて聴くことで、心地よい「うなずき・あいづち」が生まれます。

　そのためには、視線や身体の向きが向き合っていることも大切です。視線を合わせるのが疲れたときも、視線を上や横にそらさないようにしましょう。聴き手が別なことを考えているような誤解を与えてしまいます。そのようなときは、そっと目を閉じて、相手の話を味わうようにしてから、目をあけることをおすすめします。

評価しない ～「認める」という聴き方～

　聴き手は自分の価値観を横において、話し手の気持ち、そう思わずにいられない、そうせずにはいられない気持ちを分かろうとして聴きます。話し手が言葉で語る気持ちは「気持ちの一部分」にすぎません。話し手の気持ちをわかったつもりになると「それでいい」「それは違う」と評価を含んだ応答をしてしまいがちですが、わかったつもりにならず「そのまま」「あるがまま」を受けとります。「認める」、つまり「あなたはそのように感じているのですね」「あなたの中にそのような気持ちがあるのですね」という気持ちで聴きます。

「認める」とは、肯定・否定をしないで聴くことです。くだけた言い方をすると「それでいい」や「そんなことない」ではなく「そうなんだ」という聴き方です。「ご心配なんですね」「〜と感じていらっしゃるのですね」と、自分の価値観や評価をはさまずに、ていねいに聴きます。

大切なのは、聴き手は、話し手に「評価しない」「あるがままに寄り添う」と見せかけるのではなく、そのように在ることです。言葉だけを聴くのではなく、言葉や表情を手がかりに、相手の気持ち、言葉にならない部分をも感じようとしながら寄り添うことがポイントとなります。

「今、ここで」の気持ち、気づきを大切に聴く

たとえば、保護者と面談をするときに、保護者は「先日、子どもが保育園に行きたくないと泣いたとき、イライラしてしまって」などと、数日前（過去）の話や自分の気持ちを語ることがあります。そのとき、過去の出来事や気持ちを語りながらも湧いてくる「今、ここで」の気持ちがあります。

大切なことは、過去の出来事や気持ちを大切に聴きながらも、過去の気持ちにとどまって聴くのではなく、「今、ここで」の気持ちに焦点をあてて聴くことです。たとえば「先日、お子さんが泣いたとき、イライラしたのですね。……今、お話をされてみて、いかがですか？ 今は、どんな感じですか？」と問います。すると「今、改めて話してみて、あのとき、私は気持ちに余裕がなかったなぁと。子どもは、それを感じて不安に思い、泣いたのかもしれませんね。今、改めて話してみて、そんな気がしています」などと、大切なことへの気づきにつながります。

> **ポイント**
> どんな言葉も「気持ちの一部分」。
> あるがままを「認める」。

参考文献：大竹直子「傾聴の基本的な態度と技法」諸富祥彦編『人生にいかすカウンセリング』有斐閣，2011

6. 聴くことによって何が起きるのか？

　ここで、保育カウンセリングのベースでもある人間性心理学の代表的な心理学者、カール・ロジャーズ（Rogers,C.）の理論に触れておきましょう。
　ロジャーズが実践・展開してきた理論は、クライエント・センタード・セラピーとよばれるものです。ロジャーズ（1947）は、カウンセリングの面接をテープレコーダーに録って、そこで何が起きているのかを分析・研究しました（「人格体制についての観察」）。そこでわかったことには、大きく次の3つがあります。

自己知覚と行動には関係がある

　自己知覚とは「自分がどう認識しているか」「自分をどう認識しているか」ということです。
　たとえば、パーティーに招待されたとき、ある人は、パーティーを豪華な場のイメージにとらえ、また別の人はアットホームな和やかな場のイメージにとらえるなど、人によってパーティーという「場」のとらえ方が異なります。そして、自分がとらえた「場」に応じて、どんな服を着ていくのかなどの行動が変わってきます。このように、私たちは「場」を自分なりにとらえ、それによって行動が変わっているのです。
　そのときに大きな要素が「私」という存在です。パーティーに招待された「私」を自分がどうとらえているのかによっても、行動が変わります。「私は、キレイなドレスが似合わない」と思っている人は、自分に合うと思う服を着ていくでしょうし、「私はパーティーなど人が集まる場は苦手」と思っている人は、気持ちがすすまないまま参加するなど、その人の在り方が違ってきます。
　ロジャーズは、このように、自己知覚と行動には関係がある、といっています。

自己知覚と適応には関係がある

　もう1つわかったことは、自己知覚が変わると行動も変わる、ということです。ではどうしたら自己知覚が変わるのかというと「自分を受け容れることができ

たとき」。つまり、自己受容できたとき行動も変わるのです。

　私たちは、さまざまな体験の中で自己知覚をつくってきています。その中には、嫌いな自分、認めたくない自分もいるでしょう。認めたくない自分の一部分に悩まされ、苦しむことさえあります。そういう自分を、「あぁ、これも私の一部分なんだなぁ」と受容することができると、気持ちが楽になったり、行動が良い方向へ変わっていったりします。すると、自分が変化して、適応したり、よりよい経験をして成長していきます。このように、自己知覚と適応には関係がある、ということがわかったのです。

自己知覚の変化をうながすのは「安心できる関係」

　カウンセリングにおいて話し手が自分を受容し、自己知覚が変わるために聴き手は何ができるでしょうか。ロジャーズは、人が自分を受け容れ、行動が変化し、適応に向かって成長していくときには、共通点があることに気づきました。それは、話を聴く人の「聴き方」にあったのです。

　その聴き方とは、「相談者の自己概念に脅威を与えない」ことです。話し手が語るどんな自分をも、そのまま、評価せず、聴き手が受け容れて聴く。このような安心できる関係の中でこそ、話し手は自分と向き合い、自己を探求し、大切なことに気づき、成長することができるとロジャーズは考えました。安心できる関係、無条件で受け容れてくれる関係こそが、何よりも大切であると述べています。

ポイント

> ## 自己知覚と行動を変えるものは、「安心できる関係」。

参考文献：Rogers,C.R.　1947　Some observations on the organization of personality. *Amer. Psychologist,* 2, 358-368.
　　　　　清水幹夫「来談者中心カウンセリング」『教育時評』No.3，学校教育研究所，2004

7. 聴き手に必要な3つの態度条件

　カウンセリングにおいて何よりも大切な「安心できる関係」を築くために、ロジャーズは、聴き手が大切なこと（「人格変容のための態度条件」）を3つあげています。

共感的理解

　話し手の私的な心の世界を、あたかも自分自身のものであるかのように感じ取ることです。しかも、この「あたかも〜のように（as if）」という性質を見失わないようにします。共感、共有しながらも、同一化したり、感情的な癒着にならないようにします。具体的には、聴き手は、話し手の心の世界に気持ちを向けながら、ていねいに「伝え返し」（参照 p.22）をしながら、確かめつつ、話し手のペースで共に感じていくことになります。

無条件の肯定的配慮（受容）

　聴き手が、話し手という1人の人の全体のどの部分をも無条件に、つまり取捨選択しないで大切にすること、存在を認めることです。肯定的配慮とは、聴き手は、話し手の気持ちのすべて、どんな部分も、「それでいい」と賛同するということではありません。「いい」とか「そうは思わない」などと評価をするのではなく、「あなたの中には、そのような気持ちがあるのですね」と、気持ちが存在していることを認め、話し手の気持ちのどんな部分にも、ていねいに意識を向けていくことです。聴き手にとって、無条件の肯定的配慮とは「そう見せること」ではなく、「在り方」です。

自己一致

　聴き手は、話し手との関係の中で、誠実で、率直で、ありのままでいることが大切です。そのため、聴き手は話し手を目の前にして、自分が感じていること、

経験していることを否認したり、歪曲してはなりません。聴き手は、どんな感情が自分の中に起きても、それを自分で認める、つまり無条件の肯定的配慮を自分に向けることが必要になります。

聴き手は、話し手の身になって、話し手の気持ちに心を傾けながら、同時に自分自身の内側から湧いてくる気持ちも、ていねいに感じ取っていく。そうすることで初めて、聴き手と話し手の両者が「あるがまま」の自分を大切にできる関係性が生まれるのです。

カウンセリングの目的

この3つの条件は、安心した関係を築くための手段です。聴き手は、この3つの条件を満たすことのみを大事にするのではなく、信頼し、安心できる関係を築くことに取り組み続けることが大切になります。

ロジャーズは、カウンセリングの目的について「ある特定の問題を解決することではなく、抱えた問題をとおして個人の内的成長を援助し、それによって現在および将来の問題にもより統合されたやり方で対処できるようになること」と述べています。

このような内的成長を援助するのは、カウンセリングの「技法」ではなく、聴き手が相談者の人生や価値観を尊重し、受け容れることで築かれる「安心できる関係」にあります。その中で、聴き手が話し手を傾聴するとき、話し手もまた「内なる自分」の心の声を傾聴していくことができる——そうした時間と関係が、話し手の本来もっている成長への力を引き出します。

> **ポイント**
>
> ## 技法ではなく「関係性」が、相談者の癒しや援助となる。

参考文献：諸富祥彦『はじめてのカウンセリング入門（下）ほんものの傾聴を学ぶ』誠信書房，2010
　　　　　Rogers,C.R.　1957　The necessary and sufficient conditions of therapeutic personality change. *J. Consult. Psychol.*,21, 95-103.(H. カーシェンバウム／V.L. ヘンダーソン編，伊藤博／村山正治監訳『ロジャーズ選集（上）』誠信書房，2001)

8. カウンセリングの技法 ①
受容、繰り返し、明確化

　保育カウンセリングにおいて、安心できる関係を築いていくための、基本的な技法を見ていきましょう。

受容

　受容の多くは、聴き手の「うなずき、あいづち」で表現されます。「あなたの話を聴いていますよ」「あなたの気持ちに関心を向けていますよ」という聴き手の姿勢の表れです。同時に、話し手が語る事柄や気持ちに対して評価や判断を加えず、あるがままを受けとろうとする姿勢でもあります。

　このような受容的な「うなずき、あいづち」は、ていねいに、ゆっくり、よいタイミングを心がけましょう。また、ただうなずくだけではなく、「はい」「ええ」などの声も、おだやかに、少し低めに、ゆっくり言えるとよいでしょう。話し手の気持ちになりながら、話し手が発した言葉を、聴き手である自分の身体に響かせるように感じてみます。そうしながら、うなずき、あいづちをうつことができると、それだけで話し手の気持ちを大切に聴いている聴き手の気持ちを伝えることができます。

繰り返し

　話し手の言葉や話した内容を、聴き手が繰り返す技法です。特に、「大切だと思われる言葉」「何度も繰り返し使っている言葉」「話の要点」などを、聴き手が、話し手に、そのまま繰り返し伝えるのです。

　　保護者：「最近、忙し過ぎて、すべてが面倒に感じるんです。だから、子どものことも投げやりになってしまうのだけれど……。でも、先生から、子どもの様子を聞くと嬉しくなって、やっぱり子どもは私にとって大切な存在なんだな、もっと子どもとの時間をもたないとなーって、そんな気持ちになれるんです」

保育者：「お子さんは、お母さんにとって、大切な存在なんですね。忙しいけれど、もっとお子さんとの時間をもちたいなーって、思われるのですね」

明確化

　繰り返しのように、話し手の言葉を繰り返すだけではなく、言葉の奥に潜んでいる感情を、聴き手が言葉で表現してみることが明確化です。聴き手が話し手の感情の動きを敏感に感じながら、話し手がもっとも伝えたいことを言葉にしていきます。

　　　子ども：「先生、私が花瓶を割っちゃったこと、お母さんに言う？」
　　　保育者：「お母さんが知ったら……と思うと、心配なんだね」

　実際には、聴き手は、明確化をしようとしてするのではなく、話し手の気持ちに寄り添いながら、話し手の感情を感じ取れたとき、自然な反応として明確化をしているものです。話し手の気持ちを言い当てようとしたり、知的な理解で解釈するのでもありません。聴き手は明確化をしているつもりで自分の価値観による解釈にならないよう、特に学習初期には気をつけるとよいでしょう。
　明確化は、あくまでも、話し手の言葉の奥にある気持ちを感じたときに、自然と出てくる言葉です。こうした聴き手の明確化により、話し手は、混沌としていた自分の気持ちをとらえ直すことができたり、意識化できていなかった自分の感情に気づくこともあります。

ポイント！

> 「技法」は、話し手に寄り添う
> 聴き手の「思い」があってこそ生きる。

参考文献：大竹直子「傾聴の基本的な態度と技法」諸富祥彦編『人生にいかすカウンセリング』有斐閣，2011

9. カウンセリングの技法 ②
伝え返し、質問

　カウンセリングの技法は、相談場面にかかわらず、日常生活や職場での人間関係にも活かすことができます。たとえば「まずは、伝え返しをやってみよう」などと、1つずつ、取り組んでいくことがおすすめです。

伝え返し（リフレクション）

　伝え返しは、話し手の「今、ここ」での感情をそのまま受けとり、そのまま返していく方法です。

> 保護者：「子どもが熱を出すたびに、夫にも、会社の同僚にも"また？"と嫌な顔をされる。子どもの健康管理ができない私が悪いからだと周りに責められているような気がして……。ものすごく孤独で、さみしくて、イライラして、自分がみじめに思えてきて……」
>
> 保育者：「（心をこめて、ゆっくり）責められているような気がする。ものすごく孤独で、さみしくて、イライラして、自分がみじめに思えてくる」

　人は、自分の大切な気持ちを語るとき、自分なりの思いをもって言葉を選んでいます。そのため、話し手が使った言葉は、そのまま使うほうがよいでしょう。
　「伝え返し」は、気持ちを込めないで言葉だけをただ繰り返す「オウム返し」ではありません。表面的には「言葉を返す」のですが、実際には「感情を返す」ことをしています。
　話し手は、言葉を発したときには、その言葉に含まれている自分の感情を意識化できていないこともありますが、聴き手によって、自分の言葉と自分の感情を伝え返してもらうことにより、自分自身を実感でき、大切なことに気づくこともあります。

質問

　傾聴における「質問」では、話し手の感情のプロセスをさえぎらないように、

話し手が今感じていることを理解する手助けになるような質問を用いることが大切です。

①「開かれた質問」と「閉ざされた質問」

開かれた質問とは「はい」「いいえ」で答えられない質問です。反対に閉ざされた質問とは「はい」「いいえ」で答えられる質問です。

閉ざされた質問　保育者：「お子さんにそう言われたとき、ショックでしたか？」
　　　　　　　　保護者：「はい」
開かれた質問　　保育者：「お子さんにそう言われたとき、どう感じられましたか？」
　　　　　　　　保護者：「ドキッとしました。親をちゃんと見ているんだな、わかっているんだなーって思いました」

このように、開かれた質問のほうが、話し手の答えは自由度が高まります。口が重たい話し手は、開かれた質問ばかりされるとかえって負担になることもありますので、話し手の気持ちに配慮しつつ、質問することが大切です。

②「なぜ」「どうして」から始まる質問は避ける

「なぜ」「どうして」は言われているほうは、責められているような、尋問されているような気持ちになりがちです。相手の「気持ち」「考え」を聞かせていただきたいときには、たとえば「なぜ、お子さんを病院に連れて行かないんですか？」より「病院に行かないのには、何かお考えがおありでしょうか？」のほうが、話し手は安心して気持ちを語れるでしょう。

ポイント！

「伝え返し」も「質問」も、話し手の感情へのアプローチ。

参考文献：大竹直子「傾聴の基本的な態度と技法」諸富祥彦編『人生にいかすカウンセリング』有斐閣，2011

10. ミラーリング

「安心できる関係」「つながりを感じる関係」を築こうとするとき、ミラーリングは、大変役立ちます。

ミラーリングとは、相手と「鏡合わせ」になるようにかかわっていく技法です。保育者が、子どもや保護者との間でミラーリングを用いるときは、ただ動作や表情を「真似る」のではなく、相手の感情や雰囲気など、言葉にならない部分を感じながら行なうとよいでしょう。

表情、声の大きさ・トーン、話す速度、間合

聴き手は、話し手の表情、話し手の声の大きさ、トーン、話す速度を感じ取り、それと同じになるようにします。すると、それが「共感的態度」となり、お互いの関係性や空間が居心地のよいものになります。

また、言葉と言葉の間合、聴き手と話し手の会話の間合も、人によって異なります。そうした「間合」も、ミラーリングできるとよいでしょう。

面談のスタートには、「呼吸」を合わせてみるのもおすすめです。話し手の緊張など、心の様子が伝わってくることがあります。

相手の鏡になると、相手も自分の鏡になる

このように、聴き手は「話し手の鏡になる」というイメージで、話し手と一緒にいます（図）。表情も、声も、言葉も、気持ちも、価値観も、話し手の身になって感じてみるのです。そうしながら関係をつくっていきます。（話し手の気持ちを聴きながら「違和感を感じるなぁ」と思うときも、そのときは、そんな自分の感情も大切にそのまま認めつつ（参照「自己一致」p.18）、話し手の鏡であり続けることが大切です。）

さらに、聴き手と話し手の関係が深まってくると、今度は、話し手が聴き手の鏡になることがあります。聴き手のように、話し手も自らの気持ちをていねいに感じ、言葉にし、認めるようになっていく――つまり、お互いがお互いの

鏡になりながら、話し合いがすすんでいくのです。

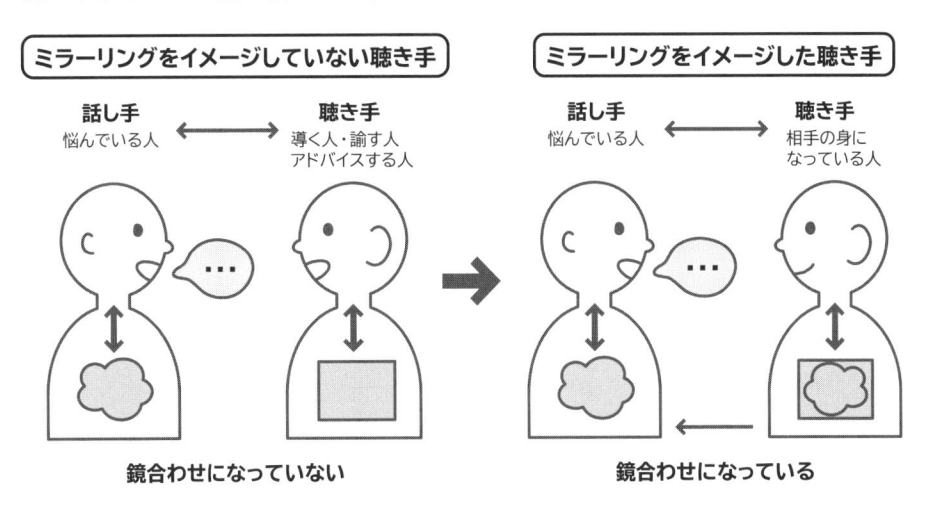

ミラーリングをイメージしていない聴き手	ミラーリングをイメージした聴き手
話し手：悩んでいる人 ↔ 聴き手：導く人・諭す人 アドバイスする人	話し手：悩んでいる人 ↔ 聴き手：相手の身になっている人
鏡合わせになっていない	鏡合わせになっている

子どもとの関係づくりにもミラーリング

　子どもは、「言葉」以上に大人の「表情・行動・思い」を感じ取っています。そのため、心を閉ざしているかのように見える子ども、表現できない感情を抱えている様子の子どもには、言葉で近づいていくのではなく、ミラーリングを用いて一緒に時間を過ごせるとよいでしょう。

　子どもと目が合えば、先生も同じ表情をつくってみます。子どもが手を広げて見せたら、先生も同じように手を広げます。言葉は使わず、子どもの心に踏み込まず、子どものスペースも侵さない距離感で、ゆっくり、一緒に、その場所で漂うようなイメージで、ミラーリングをしていきます。子どものペースを大切に、ミラーリングができると、子どもの心は「（ひとりぼっちの）私」から「私たち（つながり）」を体験することができるようです。

> **ポイント！**
> 話し手が主人公。聴き手は鏡になって、話し手を体験してみよう。

11. 私メッセージ

　保育者にとって、「聴くこと」と同じくらい「話すこと」「伝えること」も大切なことでしょう。誤解を与えず、脅威を与えず、保育者の思いを、子どもや保護者や同僚に伝えることが重要です。
　カウンセリングの中で、カウンセラーがクライエント（相談者）に何かを伝えるとき「私メッセージ」を使います。トマス・ゴードンの「親業」や子育てや学級経営のためにも学ばれている「アドラー心理学」ですすめている自己表現の方法でもあります。

私メッセージとは？

　私メッセージとは、「私」を主語にした言い方です。反対に「あなた」を主語にした言い方を「あなたメッセージ」といいます。
　たとえば、保護者との面談の中で、保育者が「（お母さんは）もっとお子さんとスキンシップをとってください」と伝えるのは、「あなたメッセージ」です。保育者は、保護者のことを思って発言していたとしても、保護者のほうは、責められているような、非難されているような気持ちになりがちです。それよりも、私メッセージで「（私は）お子さんは、お母さんと、もっとたくさんスキンシップをとりたいと望んでいるように感じます」と伝えたほうが言いたいことが誤解なく伝わるでしょう。
　子どものおむかえが遅くなったお母さんに、保育者が「遅かったですね」「どうしたんですか！」というあなたメッセージで伝えるよりも、「心配していましたよ」と私メッセージで伝えたほうが、保護者は「心配かけたな。今度から気をつけよう」と素直に思ってくださるかもしれません。
　また、同僚（特に、まだ関係性ができていない同僚や上下関係のある）関係においても、「（あなたは）どう考えているの？」「どうしたいの？」などと言うより、「（私は）あなたの考えを聞かせてほしいのだけれど」と言えると、お互いに安心して、考えや気持ちを伝え合うことが可能になるでしょう。

私メッセージで、子どもの主体性を育む

　大人はつい「（あなたは）〜しなさい」と子どもに言います。しかし、あなたメッセージを言われ続けた子どもは、それに従うことに慣れてしまいます。主体的に考えて行動することよりも、指示待ちになってしまうと考えられます。

　たとえば、お母さんから「手伝いなさい！」と言われた子どもは、お母さんに従い、自分の意思ではなく「手伝う」という行動をとっているかもしれません。それよりも、お母さんが「（私は）手伝ってくれると助かるわ」と言った場合、お母さんの気持ちを知った子どもが、「よし！　手伝ってあげよう！」とか「仕方ない、手伝うか」と自分の意思で手伝うとしたらどうでしょう。その後に「ありがとう！　助かったわ！」とお母さんが言ってくれたら、子どもは嬉しさを感じ、自信になるはずです。「手伝う」という同じ行動でも、それが「あなたメッセージ」で始まった行動なのか、「私メッセージ」で始まった行動なのかによって、子どもにとっての行動や経験の「意味」が違ってくるのです。

　私メッセージは、私の気持ちを相手に伝えることなので、自分の気持ちに気づいていることが必要になります。相手について分析したり、相手への要求が先立ってしまわないように、自分の気持ちとつながり、自分の感情に気づいていることが必要です。最初は難しく感じますが、練習をすると、スムーズに私メッセージが出てくるようになるでしょう。

　また、保護者との面談の中で、何か大切なことを伝えたり、相手に対して伝えたいことがあるときには、「私は〜と思うのですが、いかがでしょうか？」などと、私メッセージのあとに「いかがでしょうか？」「どうでしょうか？」などを加えることもおすすめです。

> **ポイント！**
> **私メッセージは「自分の気持ちに気づくこと」がスタート。**

参考文献：トマス・ゴードン著, 近藤千恵訳『親業』サイマル出版会, 1970

12. リフレーミング

　カウンセリングにおいて不可欠なことは「安心できる関係」を築くことです。そのために大切なのは、聴き手の「態度」です。そこには聴き手の気持ちが反映されがちです。文句ばかり言う保護者から声をかけられたら、「また何か言われるのでは……怖いな、嫌だな」という気持ちが、つい表情や態度に出てしまうかもしれません。

リフレーミングとは？

　私たちは、自分の価値観や物の見方で物事をとらえています。しかし、どんな状況も、どんな人も、1つの見方しか存在することはなく、違った角度、違った視点から見てみると、別の側面が見えるものです。
　このように物の見方を変えること、今までとは違う視点から見てみることを「リフレーミング」といいます。

子ども、保護者、同僚を多面的に見る

　たとえば、子どもを見るとき「この子は、行動が遅い子だな。他の子どもに遅れをとっている。困ったなぁ」という気持ちでいると、その気持ちが自然と態度や表情に出てしまいます。しかし、「行動が遅い」その子どもも、見方を変えれば「慎重に行動している」ととらえることができるかもしれません。また、泣いてばかりいる子どもも見方を変えれば「泣いてまでも、自分の意思を伝えようとする」その子の力であるともいえます。文句ばかり言う保護者も「感じたことは率直に言ってくれる」「何でも言える関係だからこそ、不満も話してくれる」といえるかもしれません。
　子どもは、自分にとって重要な人（親や先生）の言葉に影響を受けます。たとえば、親や先生に「あなたは、気が小さい子ね」と言われると、「そうかぁ、僕は気が小さいんだな」と思い、「気が小さい」という自己イメージをつくります。人間は、自己イメージに合ったように行動をとるので、その子どもは「僕は、

気が小さいから、きっと無理だ」などとさらに行動が臆病になってしまうかもしれません。しかし、「気が小さい」の見方を変えて「あなたは、優しい子ね」「慎重に行動できる子ね」と声をかけることができたら、「僕は優しい子なんだな」という意識ができて「優しい」という言動が増えることが考えられます。

たとえば、発達障がいが疑われる子どもをもつ保護者にも、「お子さんは、落ち着きがなくて……」と言うより「環境に敏感なところがありますね」と伝えたほうが、保護者も言葉を受けとりやすく、その後の話し合いへとつながりやすいでしょう。

保育者にリフレーミングが身に付いていると、子どもや保護者、同僚のよいところに気づき、理解が深まることでしょう。そして何よりも、自分自身の気持ちが柔軟でいることは自分の気持ちにも余裕をもたらします。困った状況や相手との関係性で問題を抱えたときほど、リフレーミングをすることをおすすめします。ぜひ、複数の先生方で試みてください。きっと理解への糸口がみつかるはずです。

短所	長所	短所	長所
せっかち	頭の回転が速い	物を片付けない	自由に生活している
優柔不断	やさしい、慎重に考えている	自己中心的	自分を大切にしている
気が小さい	繊細、慎重、やさしい	先のことを考えない	今を大事に生きている
集中力がない	いつも新しいことを考えている	怒りっぽい	ストレスがたまらない
のんき	おおらか	気性が激しい	熱意にあふれている
あきやすい	好奇心旺盛	大ざっぱ	楽観的
頑固	意志が強い	けんかばかりする	けんかしてまでも、かかわろうとする

ポイント！

柔軟な見方ができると、相手との関係性が変わる。

Ⅱ 理論を実践につなげるために

13.「関係づくり」のために

　保育現場は、さまざまな問題を抱えるようになりました。地域社会の力が弱まり、保護者も多様化し、その結果、保育園や保育者への要求も変化してきました。保育者は、個々の子どもや保護者に合わせて、保育や支援のスタイルを微調整していく柔軟性が求められるようになりました。そこで課題になるのが「関係づくり」です。よりよい関係を築くためには「相手を理解すること」が不可欠になるでしょう。

人それぞれ価値観は違う

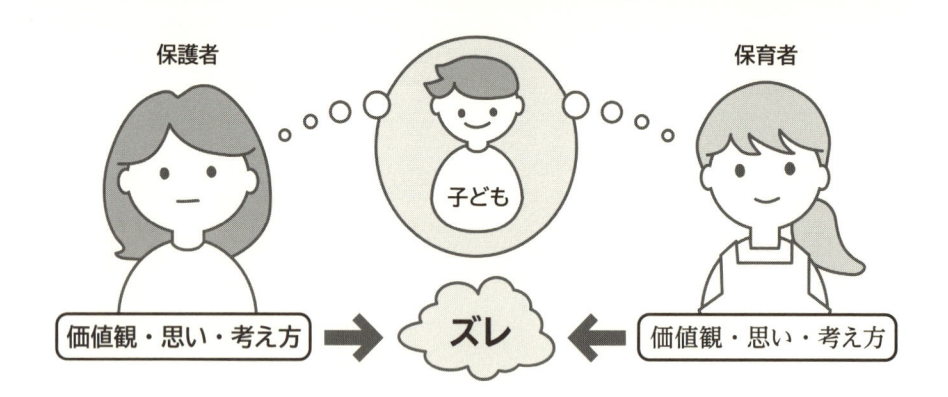

保護者　　　　　　　　子ども　　　　　　　　保育者

価値観・思い・考え方　→　ズレ　←　価値観・思い・考え方

　私たちは皆それぞれ、育ってきた環境、習慣、これまでの経験が違います。保育者は保育者の価値観があり、保護者は保護者の価値観があります。こうした「価値観」は、一概に何が正しいといえるものではありません。皆、それぞれ、そう考える理由があるものです。
　たとえば、ある保育者は、子どもが外で遊ぶとき「元気よく、なんでもチャレンジできる子どもに育ってほしい。転んで痛い思いをしたとしても、大きな怪我にならなければ大切な経験になる」と考えているとします。しかし、その子どもの保護者は「子どもが失敗したり、転んで痛い思いはさせたくない。体も心も怪我をしないように安全第一に子どもを保育してほしい」という考えをもっているかもしれません。

「価値観のズレ」が「関係のズレ」にならないために

　価値観は「違いがあって当然」なのですが、自分の価値観や考え方が「正しい」「常識」と思い込んでいると、無自覚に自分の価値観を押し付けたり、「なんでそう考えるの？」「その考え方は改善してもらわなければ」という思いが態度や言動に表れてしまいます。（ちなみに、保育者が無自覚に自分の価値観を押し付けて話をすすめようとすると、保護者は「違う価値観だってある」ことを主張したくなる心理が働きます。それが「クレーム」や「反発」「怒り」となります。）そのために、次のように関係づくりをしていけるとよいでしょう。

Step 1　人はそれぞれ違った価値観をもっていることを理解しておく
Step 2　相手の話を聴く（相手の考え方、価値観を理解する）
Step 3　Step 2 により、保護者の価値観と、保育者（または保育園）の価値観の違いがどこにあるのかを確認し、理解する
Step 4　「子どもにとって何がよいか」という視点で話し合う（折り合う）

　保育者と保護者の考え方は違っても、子どもの健やかな育ちを願う気持ちは共通です。その共通点を軸に考えていけると、歩み寄ることができるでしょう。
　同僚との関係づくりも同様です。「今日できる仕事は、今日中に終わらせたい」保育者も、「明日でも間に合う仕事は明日する」保育者もいて当然です。この2人の保育者が一緒に仕事をする場合、お互いの考えや思いを聴き合い、理解し合わなければ、ストレスや不満を抱いてしまいます。「価値観のズレ」が「関係のズレ」とならないよう、お互いの価値観を尊重しつつ「聴き合う」ことが大切です。

> **ポイント**
> 価値観の違いはあって当然。
> 話を聴き、相手の価値観を理解しよう。

参考文献：植草伸之「子ども理解の『ずれ』を生かした新たな協力関係の構築」諸富祥彦・植草伸之編『保護者とうまくつきあう40のコツ』教育開発研究所，2004

14. 自分を知る

　保育者にとって保育カウンセリングは、保育者である「私」を、保育現場が求める保育者像に矯正するためのものではありません。保育者1人1人が、自分の持ち味に気づき、それを保育に活かしながら楽しく仕事ができるように自己成長するための考え方であり、方法です。

　本書で紹介している理論や技法も、それが単独で生きるのではなく、それを実践する「私」の持ち味とあいまってこそ生きてくるものです。そのためにも自己理解を深めることは、重要であり不可欠です。

私の価値観を知る

　前節（参照 p.30～31）で述べたとおり、他者と関係を築くときには、自分と相手の価値観の違いに気づくことが必要です。自分の価値観を理解しておくことで、相手の価値観の違いに気づくことが可能になります。

　私たちは、皆、育ってきた環境や生活習慣が違います。出会ってきた人も違いますし、これまでの経験も違います。このようなさまざまな違いから、皆それぞれの「価値観」「物事を判断する基準」「物の見方」「意味づけの仕方」が生まれるのです。

自分について思いめぐらしてみる

　このような「私の価値観」を理解することは難しいことかもしれません。しかし、保育者は「私」を媒体にして、保育を実践し、子どもや保護者を支援しています。「これまでの自分」「自分が大切にしていること」「日々の感情」などを思いめぐらしてみること、そして自分を理解し、自分自身と仲良くなっていくことが大切になるでしょう。

　そのため、このような問いかけを自分にしてみることもよいでしょう。

＊私が日々の生活において、大切にしていることは何だろう？

＊私はどんな人生を送りたいのだろう？
＊今の私の価値観をつくったもの、大きな影響を与えたものは何だろう？
＊私が保育において、大切にしていることは何だろう？
＊私は、どんな子ども観をもっているだろう？（どんな子どもに育ってほしいと思い、子どもにかかわっているだろう？）
＊保育者である私が「うれしい」と感じるのは、どんなときだろう？
＊日々の仕事の中で、特に好きなこと、得意なことは何だろう？

他者理解が自己理解につながる

　自分を知ろうとするとき、助けになるのが「他者理解」です。自分以外の人の話を聴くことで、「こんなふうに考えるのは、私だけじゃないのだな」「今まで意識してこなかったけれど、私も、同じように感じていた」「こういう考え方もあるのだな。私の考え方があたり前ではないのだな」などと気づくことがあります。そのため、自分を知る（自己理解）ために、周囲の人や日常ではかかわることがない人たちと、出会い、話を聞くことは、とても大切な学びになります。

保育現場において「私の成長」は「私たちの成長」になる

　保育者であり続けることは、自分と向き合い続けること。人間の成長は、環境や人とのかかわりの中で起きます。保育者―子ども―保護者―同僚は、かかわりの中で相互に影響し合い、成長し合う関係ともいえるでしょう。保育者が、関係性の中での「私」を活かしていくためにも、「自分を知ること」「最近の私について感じてみること」が大切です。そのために「自分と向き合う時間をつくる」ことができるとよいでしょう。

> **ポイント**
>
> 自分に興味をもとう。
> 自分について感じ考える時間をもとう。

15. 安心モードに切り替えよう

　保育者の毎日は、忙しい！　本当に、忙しい！！　毎日「しなければならないこと」がたくさんある上に、園内では次々と思いがけないことが起きて、その対応に追われます。こうした日々の仕事をこなしていくために、頭もフル回転です。「感じること」より「考えること」、「ゆとり」より「効率」を優先してしまう（そうではないと仕事が終わらない！）こともほとんどではないでしょうか。
　しかし、保育カウンセリングは、安心できる場と関係をつくり、話し手の気持ちに寄り添うことが大切です。「どう対応するか」「どう解決するか」ではなく、「どのように安心した関係や場をつくるか」が重要になるのです。

「聴き手モード」への切り替え

　そのために、忙しい仕事の合間に、保護者や同僚と面談をする場合には、開始前に自分の構えを整えることが必要です。頭と体が忙しいまま、相手の話を聞いてしまうと、仕事をするようなペースで、事務処理をするように効率的な態度で聞いてしまうこともあるでしょう。「気持ちに寄り添う」のではなく「言葉に反応する」形で、話が進んでしまうでしょう。
　そのため、面談の前には、聴く構えを整えましょう。1人になれる場所へ行き、心を落ち着かせるのもよいでしょう。何度か深呼吸をして、体の内側に、ゆったりとしたスペースをつくるようなイメージで、体制を整えるのもよいでしょう。気持ちが落ち着き、頭が静かになり、ゆったりとした雰囲気が醸し出せるよう、構えを整えるのです。
　このような「テキパキ仕事モード」から「安心モード」への切り替えは、自然になされるのではなく、意識的に行なうことが必要です。

「安心スイッチ」をオンにする

　また、もしも「自分を知る」（参照 p.32〜33）取り組みの中で、「完璧主義な

私」や「失敗してはいけない気持ちが強い私」などに気づくことができたならば、自覚的に「安心スイッチ」を自分の中に入れておくことも必要です。

　たとえば「正しくありたい」人は、常に「正しい人スイッチ」が入ってしまっているものです。「正しい人スイッチ」が入っていると、相手の気持ちに寄り添うよりも、相手の状況や気持ちをジャッジしたくなったり、相手の行動を正しく導きたい気持ちになりがちです。「相手も正しくありたいはず」という思い込みで聴いてしまうこともあるかもしれません。

　面談以外でも、「失敗してはいけない」という思い込みが強い保育者は、常に「失敗してはいけないスイッチ」が入っています。スイッチ・オンのまま仕事をしていると、失敗してはいけない空気が醸し出され、子どもたちも、そのメッセージを感じ取ってしまいます。保育園は「失敗してはいけない場所」ではなく、失敗しても、またチャレンジできる「安心感に満ちた場所」です。そのためにも、まずは、保育者が自分の中にある「失敗してはいけないスイッチ」を切り、「安心スイッチ」を入れましょう。「失敗することだってある」「また頑張ればいい」と自分自身が安心していられることが大切です。

　このような、聴き手の態度（モード）、気持ちや価値観（スイッチ）の切り替えは、特に忙しい日々の中では、「意識的に」「自覚的に」行なうことが必要になるでしょう。自分に合った切り替えの方法をみつけることができ、習慣化できるとよいですね。

> **ポイント**
> 忙しいときほど「モードの切り替え」が必要。自分に合った方法をみつけよう。

参考文献：大竹直子「子どもの気持ちに寄り添うカウンセリングマインド」『児童心理』No.936, 金子書房, 2011

16. 人が悩むということ

　たとえば、ある保護者が、発語が遅いわが子を心配して「先生、うちの子、大丈夫でしょうか？　どうしたらいいのでしょうか？　心配なんです」と真剣な表情で保育者に語りかけるとき、保護者の心の中は、どのような感じでしょうか？「心配なんです」と言葉で語るときも、心の中は「心配」な気持ちだけではありません。たとえば「私の言葉かけが少ないから？」（点検や反省）、「きっと私の育て方、かかわり方がいけないのだわ」（自信喪失）、「難産だったから、何かその影響があるのかしら？」（体や病気の不安）、「親戚から"まだ話さないの？！　病院に連れて行ったら？"と言われる。つらい」（プレッシャーやストレス）など、さまざまな気持ちが入り混じっていることでしょう。

言葉は「気持ちの一部分」

　しかし、相談をするときには、まずは「先生、うちの子、大丈夫でしょうか？　どうしたらいいのでしょうか？　心配なんです」という言葉で語り始めます。すると、ついその言葉に反応して「発語が遅いお子さんもいらっしゃいますよ。様子をみましょう」「もっと話しかけてあげてくださいね」などと答えてしまうことが多いような気がします。
　こうした対応は間違いではありませんが、話し手の気持ちは解消されず、不安定な気持ちが続いてしまうかもしれません。
　人は、悩んでいるとき、心は揺れ、葛藤しています。その上、人から言われた言葉や情報も混ざり合って、さらにどうしてよいのかわからなくなり、気持ちを整理するのが難しくなります。
　このような心の状態の中で、人は自分の気持ちを語り始めるのです。言葉の背後には「どうしようもない気持ち」「言葉にはしきれない気持ち」があります。そのため、言葉に反応するのではなく、話し手の気持ちの全体（いくつもの気持ちが混ざり合っている状態）をわかろうとしたいものです。
　言葉は完全ではありません。気持ちを語るときの言葉は、自分の気持ちの一部分でしかありません。言葉を聞いてわかったつもりにならず、わかろうとし

続けることができるとよいでしょう。

気持ちとは「割り切れない何か」を含んでいるもの

　さらに、苦しい気持ちほど、気持ちを言葉で表現するのが難しくなります。自分でもどうすることもできず、翻弄されることさえあります。「頭ではわかっているのに、気持ちがスッキリしない」「忘れたいのに、忘れられない」「(同僚の先生に強い口調で何かを言われると)サラリと流したいのに、ついついイライラしてしまう」など、私たちの気持ちは「割り切れない何か」を含んでいることが多いのではないでしょうか。

　「相談される側」ばかりに慣れきってしまうと、こうした「人が悩んでいるとき」の心の状態を忘れがちになってしまいます。つい正論を言いたくなったり、「こうしたら解決できるのに！」と容易に考えてしまいがちです。

　人間は、完璧ではありません。言葉も完全ではありません。どんなときも、その人の言葉や行動には「理由」があり「心の言い分」があります。このようなことを、聴き手は忘れず、お腹の中においておけるとよいでしょう。「心の言い分」は、安心できる関係や場の中で、やっと言葉で発せられる機会を得ます。話し手が安心して、自分自身の心の声に耳を傾けることができるように、聴き手が「人という存在の深さ」を感じつつ寄り添える自分でいることが重要であると思われます。

> **ポイント**
> 寄り添う聴き手になるために、悩んでいる自分とじっくり付き合おう。

参考文献：大竹直子「思春期の心の揺れ・葛藤にどうかかわるか」『児童心理』No.931, 金子書房, 2011

17. 待つこと

　私たちは、皆、それぞれに話すペースが違います。仕事上でのやりとりは、話すテンポも速く、それぞれのペースに違いを感じることは少ないかもしれません。しかし、実際には、人によって話し方や話すペースは違うものです。考えずとも次々と言葉が出てくる人もいれば、気持ちを確かめながらゆっくり話をする人もいます。大人と子どもも違います。自分の悩みについて語るときと世間話をするときも違います。

　気持ちが混沌としているときはなおさらです。自分の気持ちや状況を語るのに、どこから、どこまで、どんな言葉で伝えたらよいのかは簡単なことではありません。そのため、特に話し始めには、ゆったりと相手のペースに合わせ、言葉を「待つ」ことが大切です。

「間」に配慮する

　「日常の会話（特に忙しい人同士の会話）」と「カウンセリングにおける会話」の違いの1つに「間」があります。「～ですか？」などと問いかけたあと、相手が言葉を発するまでの「間」が異なるのです。

　日常会話、特に業務連絡の「間」に慣れていると、こちらが投げかけた言葉に、相手の言葉がすぐ返ってこないと「あれ？」という気持ちになりがちです。「答えにくい質問だったかしら？」「困っているのかしら？」とつい先回りをして、別の質問をしたり、助け舟（「（もしかしたら）～でしょうか？」と相手の気持ちの代弁）を出してしまうことがあるでしょう。

　しかし、それでは、話し手にとって「言いたいことが言えなかった」「落ち着いて話せなかった」ということになってしまいます。

　こちらが1つ言葉を投げかけたら、相手の言葉を待ちましょう。大切なのは「安心できる関係と場」をつくることです。話し手が安心して、自分の言いたいことが語れるよう、また、自分の気持ちにぴったりな言葉を探すことができるよう「待つ」ことが大切です。

相手のペースを尊重する

「待つ」ことが苦手な場合、おすすめしたいのは、たとえば「面談の最初の10分は、とにかく黙って聴く」と決めて、相手と会うことです。

面談の始まりに、話し手はたくさんのサインを送ってくれます。言葉の速度、声の大きさ、抑揚、間の取り方、表現の仕方、表情、しぐさ……。このような1つ1つは話し手の雰囲気や心の様子を伝えてくれます。これらをゆっくり、ていねいに感じながら、心をこめて、あいづちをうち、面談の最初の時間を過ごすのです。そして、相手のペースを感じることができてから、そのペースを尊重して、自分もそのペースの中で相手とかかわっていきます。このようなスタートができると、安心できる雰囲気が関係性の中にでき、有意義な時間を過ごせるでしょう。

相手の「気づき」を待つ

そして、最も大切な「待つ」べきことは、相手の「気づき」です。話を聴いていると、聴き手のほうが、相手の大切なポイントが見えてくることがあります。しかし、肝心なことほど、話し手自身が気づき、言葉にすることが大切です。相手に早く気づいてほしくて、つい先回りしたり、指摘することはやめましょう。話し手の「気づきのチャンス」つまり、成長のチャンスを奪うことになります。

「カウンセリングでは"何を言うか"ではなく"何を言わないか"が大切」（筆者が恩師に教えていただいた言葉です）ということを忘れずにいましょう。

ポイント！

「待つ」ことは、関係性や相手の気づきを「育む」こと。

参考文献：大竹直子「子どもの気持ちに寄り添うカウンセリングマインド」No.936,『児童心理』金子書房, 2011

18. 相手を変えようとしない

「すぐに暴力をふるう子どもがいます。子どもの暴力をやめさせるために使えるカウンセリングの技法はなんですか？」「母親の自覚がない保護者をどうにかしたい。カウンセリングをしたら変えられますか？」――そんな質問を受けることがあります。

カウンセリングは、自己成長を援助するかかわりですので、カウンセリングや、カウンセリング的なかかわりの「結果」、相手が自己成長したり、変容することはあります。しかし、それは聴き手が、相手を変えよう、正そう、導こうとしてかかわった結果ではありません。

相手の身になって一緒に考える

どんなときも、その人の考え方や行動には、その人なりの理由や事情、心の言い分があります。周りの人から賛同が得られなくても、その人には、そうせずには（そう思わずには）いられない何かがあるものです。

大切なことは、そのような相手の価値観や心の言い分を、分かろうとすることです。それは、聴き手が「話し手に合わせること」「話し手に賛同するふりをすること」ではありません。聴き手は自分の価値観はちょっと横において、「話し手の視点から」話し手の問題を眺め、一緒に考えることが大切です。

相手を「変える」のではなく「理解する」かかわり方

子どもの指しゃぶりは、大人から見ると「よくないこと」「直すべきこと」ととらえることもできますが、その子どもにとっては、不安な気持ちを安定させるための「工夫」「対処法」であることがあります。子どもの身になって考えてみると、大切なことは「指しゃぶりをやめさせること」ではなく、不安な気持ちを軽減すること（安心した気持ちで過ごせるようになること）」です。その結果、指をしゃぶらなくてもいられるようになること、が大切です。

このように、聴き手が注目するべきところは相手の「問題行動」ではなく、「そ

の問題行動を引き起こしている感情や状況」でしょう。相手を変えるのではなく、理解し、相手に必要なかかわりをすることが、よりよい状況を生みます。

「相手を変えたい気持ち」が湧いてきたら

とはいえ、すでに現実に問題が起きていたり、立ち行かなくなっている相手を見ると、つい相手の行動や考え方を変えたい気持ちになるかもしれません。もしも、このような「相手を変えたい気持ち」が湧いてきたら、その自分の気持ちを認めましょう。（OK！と肯定するのではなく、「私の中に相手を変えたい気持ちがある」ということを認めましょう。）

そして、自らに「なぜ、私は（相手に）変わってほしいのだろう？」と聞いてみましょう。たとえば、感情的に自己主張ばかりして周囲の先生方とうまく関係性がつくれない同僚A先生との面談で、「相手を変えたい気持ち」が湧いてきたら、自らに問いかけます。すると「A先生が感情的に自己主張を繰り返していれば、ますます孤立し、つらくなるだけ。周りもつらいし、本人もつらい」という気持ちがあることに気づくかもしれません。そうしたら、それをそのまま大切に、自覚しながら話を聴きましょう。

さらに、この気持ちを伝えたいときには、「どのように変わってほしいか」を伝えるのではなく、「このままだと先生ご自身も、周りの先生もつらいだろうなーと思います。つらくならずにすむ方法があるといいなーと思います」などと、変えたい気持ちの「下にある気持ち」を私メッセージ（参照 p.26）で伝えるとよいでしょう。

> **ポイント**
>
> 相手を変えたくなったら、
> 自らの気持ちに耳を傾けよう。

19. プレゼンス

「プレゼンス」とは、人が存在感をもって「そこにいること」をいいます。相手も自分もあるがままに認めつつ、しっかりとその場にいる——これは、カウンセリングや心理療法において、理論や技法よりも重要なこととされています。本書で紹介している理論や技法も、「プレゼンス」をうながす方法やヒントにすぎません。

また、プレゼンスは、聴き手自身の在り方、生き方が、そのまま「存在感」「雰囲気」として表れるものでもあります。

話し手は、自分が体験した出来事や心の内を語ります。それは、ときには勇気が必要で、心の痛みが伴うことさえあります。

心は、どんなときも真剣です。それを聴かせていただく聴き手は、耳だけを傾ければよいのではなく、身体を傾け、心を傾け、心をこめて話し手の心と向き合うことが不可欠です。そのために、聴き手も、話し手同様、自分の在り方や生き方と向き合うことが必要です。

「先生と話せてよかった……」

保育現場にもどって考えてみましょう。

「あぁ、今日は先生と話せてよかった」——保育カウンセリングにおいては、面談やかかわりのあと、話し手に、このように感じていただくことがとても大切ではないでしょうか。

私たちが「話せてよかった」と心がホッとなるときには、お互いの気持ちがふれあうような、自分を大切に考えてくれていることを実感できるような、かかわり合いを体験したときだと考えられます。

不十分な自分をも受け容れてくれる存在

戸惑いながら子育てをしているお母さん、気持ちに余裕がもてないまま仕事に追われる若い先生などは、揺れる心を抱えながら精一杯の毎日を過ごしてい

ます。このようなとき、「話を聞いてほしい。でも、自分が何を言いたいのかよくわからない」こともあるでしょう。不安だから相談するけれど、自分の気持ちが漠然としているので、相手にアドバイスをされると「何かが違う」「わかってもらえない」気持ちになります。それでも、不安や焦りがおさまらず、また数日経つと「先生、ちょっといいですか」と話しかけたくなるのです。

心の揺れや葛藤、悩みを抱えている人は、自分自身が不安定な、不十分な存在として感じていることが多いものです。そういう不十分な自分であっても、保育者の先生方に、あるがまま受け容れてもらう。「それでは、ダメ」「もっと〜したほうがいい」と評価されることなく、そのまま受容してもらう。それが安心感となり、不十分な自分をも、自分自身で受け容れることができるようになるのです。

「対処」より「かかわり合い」を心がけよう

保育者が仕事をするとき、「用件を正確に把握し、早急に対処する」ことも大切なことでしょう。しかし、悩みを抱えている、子どもや保護者、同僚が、聴き手である保育者に求めるものは「適切な対処」ではなく「1人の人として、自分の気持ちに寄り添ってくれること」ではないでしょうか。

保育者は、子どもや保護者から、喜び、不安、イライラなどさまざまな気持ちを投げかけられることがあるでしょう。そのようなとき「対処」より「かかわり合い」そのものを大切にできるとすばらしいと思います。

> **ポイント**
>
> ## 心をこめて自分、相手、その場の出来事を受け容れよう。

参考文献：Gendlin,E.T. (1990). The Small Steps of the Therapy Process:How they come and how to help them come.　In　G.Lietaer (ed.), *Client-centered and experiential psychothetapy in the nineties.* Leuven : Leuven University Press. pp.205-224.

Ⅲ 実践　子どもとのかかわり

20. ボスより リーダーになる

　保育園という場で子どもとかかわるとき、その場にいる大人は子どものボスではなく、リーダーになることが望ましいでしょう。
　ボスは、自分の意見や考えで相手を従わせようとします。一方、リーダーは、よく観察し、意見を聞き「～しよう」と提案します。相手も自分も納得できるよう話し合える関係をもとうとします。
　日々の保育活動の中には、集団の子どもたちをとりまとめ、安全な環境を維持しなければならない必要性から、保育者が「ボス」のように、その場をとり仕切ることもあるでしょう。
　しかし、子どもの気持ちに寄り添う場面では、「リーダー」的なかかわりが必要になります。できることなら、集団で子どもたちとかかわるときにも、「あなたの気持ちを大切にしていますよ」という気持ちをもつ「リーダー」でいたいものです。

集団行動が苦手な子ども

　みんなが園庭で遊んでいるのに、外に出ようとしない子ども。みんなが折り紙を折っているのに床に寝っ転がって、ずっと天井を見ている子ども──このような子どもたちを見ると、大人は心配になったり、困ったりしますね。このような子どもにリーダーとしてかかわる、というのはどういうことでしょうか？

① リーダーは、子どもを尊重する

　そもそも、幼い子どもが集団行動に慣れるのには時間が必要です。そして、そのために必要な時間は子どもによって異なります。
　1人でいるのが好きな子どももいます。「子どもは外で元気に遊ぶもの」「いつもニコニコ笑っているもの」「子どもはスキンシップが大好き」などは、大人が描きがちな子ども観に過ぎません。屋内で静かに遊ぶのが好きな子ども、人見知りのためスキンシップがないほうが安心していられる子どももいます。

② リーダーは、一緒に行動する

　集団行動をするきっかけがつかめず、1人でポツンと、とり残されてしまっている子どもは、「先生と一緒に行こう！」や「先生もみんなと一緒にお絵描きしようかな。○○ちゃん、手伝ってくれる？」などと声をかけます。その後、子どもが自分で行動できたときには、しっかりと褒めてあげましょう。そうすることで、子どもの行動は強化されます。「外で遊んでいらっしゃい」や「○○ちゃんも、絵を描いたら？」などと、「指示」や「声がけ」だけで終わらせないことがポイントです。

③ リーダーは、話（気持ち）を聴く

　子どもが集団行動をとらないとき、その子どもにはそうしている理由があります。「どうしたの？」と声をかけて、子どもが何か話し始めたら、「そういう気持ちだったんだね」と受けとることが大切です。説得してはいけません。子どもが何も語らないこともあるでしょう。そのときには、無理に聞き出すのではなく、ミラーリングをしながら子どもと一緒にいてみましょう。（参照 p.24）

④ リーダーは、会話を笑顔で終える

　毎日の中には、子どもに注意することも、叱ることもあるでしょう。その場合「終わり方」に気をつけます。叱った後、すぐに、その子どもから離れることは避けましょう。必ず「わかってくれて、ありがとう」と笑顔で会話を終わらせるようにします。また、子どもが帰る際、「明日も、待っているね」などと笑顔で握手することもよいでしょう。

> **ポイント！**
>
> **子どもの気持ちを尊重できる、心の余裕をもとう。**

21. 言葉を手渡す

　小さな子どもを対象にした心理療法では、言葉によるカウンセリングではなく、遊びを用いたプレイセラピーを行います。その中で感じることの1つは、心に傷を抱えた子ども、問題を抱えている子どもの多くは「言葉」との付き合い方に戸惑っている、不自由さを抱えているということです。黙ったままの子ども、乱暴な言葉で表現する子ども、こちらの言葉を（本当は聞いているのだけれど）受けとらない態度を示す子どもなど、子どもはさまざまな工夫をしながら言葉と付き合っています。

言葉は、大切なもの

　言葉とは、本来自分の思い、考えを相手に伝えるための大切なツールです。相手を傷つけたり、脅かしたりするためのものではなく、自分と相手をつなぐ大切なものです。特に、子どもにかける言葉は、子どもへのギフトでありたい、という思いさえあります。
　そのため、子どもに言葉をかけるときには、言葉を手渡すような気持ちで、言葉をかけることが大切です。

投げるのではなく、手渡す

　まず、子どもに声をかけるときは、子どもに手渡しができる距離で、言葉をかけましょう。遠く離れたところから、大声で言葉を投げるのではなく、子どもの近くに行き、手渡せる距離で、子どもと同じ高さの目線で、言葉で気持ちを伝えましょう。
　「手渡す」イメージでいると、目の前にいる子どもに大声を出す必要がなくなります。小さな心で、精一杯受けとろうとしている子どもを感じていると（たとえ憎まれ口をたたいていたとしても、心はまっすぐ、こちらの様子を感じています）、自然と穏やかなトーンになるでしょう。

そっと手渡すように、言葉を大事に扱おう

　私たち大人が、言葉を乱暴に扱っていると、子どもも言葉を乱暴に扱うようになります。私たち大人が、言葉を、感情をぶつけるための道具にすると、子どもは自分が言葉で傷ついたように、誰かを言葉で傷つけます。傷ついた経験から、言葉と仲良しでなくなる子どももいます。

　同様に、私たち大人が、言葉を大切に発していると、子どもも言葉を大切に扱うようになります。そして、言葉で自分の気持ちを伝え、他者とつながる喜びを知り、より多くの場面で活かせるようになっていきます。

子どもが言葉から受けとっているもの

　幼い子どもは、大人が使う言葉の意味を、すべて理解することはできないでしょう。しかし、大人が言葉を発したときの感情や心の状態は、敏感に感じ取っています。大人が心はイライラしながらも、口では「よかったね」と言っていたら、「イライラ」のほうを感じ取っています。または、2つの相反するメッセージを受けとり戸惑っているかもしれません。

　また、子どもの質問に、いい加減に答えたときも、子どもは敏感に感じ取っているでしょう。子どもは、大人の心が、こちらを向いていないとき、それに気づく天才です。

　子どもにかける言葉は、大切に手渡しをすること。子どもに伝えるメッセージは、「感情」と「言葉」を一致させること。心をこめた言葉を発する保育者の思いは子どもに届き、子どもの心を育む一助となるでしょう。

> **ポイント**
>
> 言葉を大切にすることは、
> 自分の気持ちも、相手の気持ちも
> 大切にすること。

22. 子どもの言葉、子どもへの言葉

　子どもの言葉（語彙）は、豊富ではありません。まだ、自分の気持ちを十分に表現するための言葉やスキルをもち合わせていません。そのため、「死ね！」「サイテー！」「殺してやる！」など、子どもは、突然、大人がドキッとするような言葉を発することがあります。

　保育者にとって、子どもの安全を守ることは何よりも大切なことでしょう。そのため、こうした言葉を子どもが発したとき、手をこまねいているわけにはいかないでしょう。しかし、このような言葉を発している子どもは、そう言わずにいられない理由があるはずです。「そんなことを言ってはいけません！」と怒ったとき、先生は「言い方」を注意しているのですが、子どもは「怒りの気持ち」に対して怒られているととらえ、心を閉ざしてしまうこともあるでしょう。このようなとき、子どもの言葉に反応するのではなく、言葉を補うことが大切です。

言葉を補う 〜子どもの気持ちを代弁する〜

　たとえば、「殺してやる！」と子どもが言った場合、「殺してやりたいほど、悔しかったのかな？」などと言葉を補い、子どもに確認します。すると、「うん。だってね、僕が一生懸命作った（積み木の）お家を壊したんだ。許せない！」などと理由を語ってくれるかもしれません。「そうかぁ、一生懸命作ったのに、お家を壊されて、許せない気持ちだったんだね」と先生が受けとめると、「うん。僕のお家、もとに戻してほしい」などと語るかもしれません。

　こうしたやりとりで、子どもは、本来の自分の気持ち（「もとに戻してほしい」）を言葉にすることができるのです。

　このように自分の気持ちを表現できた後で、言葉の使い方についての指導をします。「先生、さっき"殺してやる"ってタケシくんが言ったとき、ビックリしちゃった。怖い言葉ではなく、今みたいに"もとに戻してほしい"って言ったほうが、気持ちは伝わるね。怖い言葉は、今度は使わずにいられるといいね」などと伝えることができるでしょう。

「冗談」に気をつけよう

また、子どもにかける言葉の中で気をつけたいのは「冗談」です。

冗談を理解することは、思った以上に高度な能力を要します。もちろん、楽しい冗談、わかりやすい冗談は、子どもにも伝わります。しかし、楽しい気持ちになれない冗談は、子どもを不安にし、傷つける恐れがあります。

言ってはいけない冗談

言ってはいけない冗談とは、たとえば、次のようなものです。①（お母さんのおむかえが遅いときに）「お母さん、どうしちゃったのかしらね。ハナコちゃんのこと、忘れちゃったかな～？」、②（言うことをきかない子どもに対して、言うことをきかせるために）「言うことをきかない子は、鬼がむかえにきますよ」「そんなことをしていると、誰も遊んでくれなくなりますよ」。また、③男の子に対して「女の子みたい！」などの性別にかかわる冗談、④家族にかかわる冗談、⑤容姿（体型）についての冗談、も避けたいものです。

大人にとっては「冗談だって、わかるでしょう」と疑わないことでも、子どもは、安心して身をゆだねている先生の言葉だからこそ、親の言葉だからこそ、真に受けてしまうこともあります。

大人のユーモアと、子どものユーモアは異なることを心がけておきましょう。

ポイント

> 子どもの気持ちになって、言葉を補い、言葉を選ぶ。

引用・参考文献：諸富祥彦監修，大竹直子著『自己表現ワークシート』図書文化社，2005

23. 肯定的な表現

　保育者は、日々の保育の中で、子どもにたくさんの声がけをすると思います。その際、子どもの気持ちに伝わりやすい言い方、子どもの「やる気」「興味」「好奇心」に働きかける言い方、子どもの「行動」につながりやすい言い方ができることが望ましいでしょう。
　その方法の1つが「肯定的な表現」です。

「〜してはダメ」より「〜しよう」

　たとえば、給食のとき、子どもに「残しちゃダメよ」と言うより「いっぱい食べようね」「おいしく食べようね」と声をかけたほうが、子どもは、気持ちよく、食事に向かえます。また、遊具の順番待ちや、一列に並ばせるときなど「横入りしちゃダメ」と言うより「順番に並ぼうね」や「(横入りをしようとしている子どもに対しては) 列の終わりはここですよ。順番だから、ここに並ぼうね」と伝えたほうが、子どもは、そのときの状況やルールが理解できます。
　「してはいけない」ことだけを大人が伝えると、子どもは「どうしたらよいか」「何をするべきなのか」がわからない場合があります。子どもに、「してほしくないこと」ではなく「してほしいこと」を、適切に、言葉にして伝えることができるとよいでしょう。

否定的なニュアンスの言葉に注意しよう

　「ピーマンも、嫌いなの？」「ここまでしか、できていないの？」「また、転んじゃったの？」など、否定的なニュアンスが醸し出される言葉も注意が必要です。「自分の気持ちがつい出てしまった」結果、このような表現をしてしまうことが考えられます。
　このような言い方が多いと気づいたときには、言葉に注意してみるほか、「自分の子どもへの気持ち」や「自分の価値観や物差しで子どもを見ていないか」などをチェックしてみるとよいでしょう。

肯定的な視点をもとう

　肯定的な表現をするためには、「言葉の選択」の問題だけではなく「肯定的な視点をもつこと」も大切です。

　私たちは、「あるもの」より「足りないもの」に目がいく傾向にあり、「できていること」より「失敗したこと」「できないこと」に注意を向けがちです。「あるもの」「できていること」は、もしかしたら、見ようとしなければ見えないものかもしれません。

　困った子どもは、そのすべてが困った部分ではないはずです。問題の行動にだけ注目をするのではなく、その子どもの「よいところ」「うまくいっていること」「できていること」を見て、理解し、その部分を大切にすることが、子どもへの大きなサポートになります。

　また、朝起きること、保育園に行くこと、あいさつできること——このようなことは、あたり前のこととしてとらえがちです。しかし、一見「あたり前のこと」は、実はとても大切なことです。本人の（周囲の）努力なくしては維持できないことです。「今、あるもの」をみつけ、認め、褒めてあげましょう。それが、個々の子どもを尊重し、子どものもっている力を大切に育むことの一歩になります。

　「肯定的な表現」（や次節の「具体的な表現」）は、誤解なく相手に気持ちを伝える表現であり、相手を尊重した表現です。子どもだけではなく、保護者や同僚の関係のおいても用いるとよいでしょう。

> **ポイント**
>
> **肯定的な視点で見る習慣をつくろう。
> そして、言葉で伝えよう。**

24. 具体的な表現

　私たちがふだん使っている言葉は、あいまいな表現がなんと多いことでしょう！「少し時間をいただけますか？」と言うとき、「少し」とは、3分をイメージする人や10分をイメージする人など、人それぞれ異なります。保護者が「私は、いい母親ではありません」と悩みを語るとき、「いい母親」がどんな母親であるのかは、人それぞれ、聞いてみなければわかりません。だからこそ、子どもに何かを伝えるときには、理解できるように、具体的に、伝えることが大切です。

あいまいな言葉

　子どもに対して大人が使う「ちゃんとしなさい！」は、大人が思う「ちゃんと」と、子どもが思う「ちゃんと」が違うことがあります。「ちゃんとしなさい！」より「前を向いて座りましょう」や「おもちゃは、あった場所に戻しましょう」などと具体的に伝えることが大切です。

　また、「何やっているの！？」も（特に危険を感じる場面などで）大人はつい言いがちです。子どもはビックリするものの、自分の行動の何に対して言われているのかわからないこともあります。「危ないから、今すぐ降りよう」などと言うとよいでしょう。

　「大丈夫？」も、具体的ではありません。大丈夫じゃない子どもほど、「大丈夫？」の問いかけに、どのように答えたらよいのか戸惑います。そのため、「わからないことがあるかな？」「痛いところがあるかな？」「足りないものがあるかな？」など、具体的に問いかけましょう。子ども自身が、問いに導かれながら、自分が何に困っているのか、どんな気持ちなのか、表現できることがあります。

「～だから、大丈夫」

　「大丈夫よ」と伝えるときにも、具体的であることが大切です。
　たとえば、地震や台風、何らかのアクシデントにより、子どもが不安や恐怖を感じているとき、「大丈夫よ」と保育者が寄り添い、声をかけてあげることは

大切です。そして、さらに、子ども自身が「大丈夫」と思えることが、安心感につながるでしょう。

「地震は治まったから、大丈夫です」「先生たちが一緒にいるから、大丈夫です」など、「～だから、大丈夫」と子どもが理解できる理由を加えて伝えましょう。

具体的に理解しよう

子どもが保育者に訴える言葉には、さまざまなメッセージが含まれていることがあります。そのため、子どもの言葉をていねいに聴くこと、具体的に理解すること、できる範囲で表現をうながすことが大切です。

たとえば、「おなかが痛い」「足が痛い」などの身体症状も、大切に聴きます。どこが、どんなふうに痛いのか、ていねいに聴きます。そして、子どもが嫌がらなければ、その部分に手をあてて、「ここが、チクチク痛いのね」とそのまま認めていきます。

子どもの身体症状は、何が起きているのか理解できず心が痛み不安なとき「おなかが痛い」になったり、着替えも、朝の準備も、歯磨きも、次々と追い立てられるように習得を促される状況に「もう疲れて前に進めないよ」という気持ちが「足が痛い」という訴えになることもあります。こうした気持ちを、子どもは言葉にすることができず、身体症状で表現することがあるのです。そのとき、保育者に寄り添ってもらい、手をあててもらえると、安心できるでしょう。ていねいに、具体的にわかろうとする態度が大切です。

> **ポイント**
>
> 「具体的な表現」を心がけて、
> お互いの「理解」を深めよう。

25. 困った子ども

「すぐにお友だちを叩く子ども」「うそばかりつく子ども」「泣いてばかりいる子ども」「攻撃的な言動を繰り返す子ども」——こうした子どもを、大人たちは「困った子ども」と感じることがあります。しかし、それは、大人の思いどおりにならないから困っている、といえます。それは、大人の見方にしか過ぎません。

「困った子ども」は、「困っている子ども」

大人にとって「困った子ども」は、「困っている子ども」です。「良い子」の反対も、「悪い子」ではなく「困っている子ども」なのです。一番困っているのは、大人ではなく、その子ども自身です。

叩く、うそをつく、暴力をふるう……など、一度覚えてしまった表現方法は、他の表現方法を覚えるまで変えることは難しいものです。「不安な気持ち」「助けて！という思い」「私に注目して！（私を大事にして！）という思い」「怒られることを回避したい」など、さまざまな感情をどのように表現してよいのかわからず、一度覚えた表現方法を繰り返しています。しかし、その度に、大人から「お友だちを叩いたらダメでしょう？」「泣いてばかりいるんだから」「またうそをついて！」とさらに怒られてしまう。すると、ますます子どもは困り「困った子ども」になっていきます。

「困った子どもだな」「困ったなぁ」と感じたら、「この子は、困っているんだな」という視点で、子どもが何に困っているのかを、子どもの身になって考えてみることが大切です。

子どものうそ

子どものうそを戒めるときに、「うそは泥棒の始まり」などと言う大人がいます。それくらい、大人にとって子どもがうそをつくことは「よくないこと」であり、早めに芽をつみたい行為です。だからこそ、子どもがうそをつくと許せない、許さないという親もいます。

もちろん、「うそ」はよくありません。しかし、子どもがつくうその多くは、誰かを傷つけるためのうそではなく、相手を怒らせないため、自分を守るためであることがほとんどです。子どもにとっては「うそ」というより、その場を切り抜けるための工夫です。ある意味では、成長したからこその行為ともいえるでしょう。

　大切なことは「うそをついたこと」を叱って終わるのではなく、うそをついた理由や気持ちを聴き、どうしたらよかったのかを教えることです。「正直に言ってくれたほうが嬉しいな」と伝えたり、「そういうときは、〜と言ったらいいんだよ」と教えることが大切です。また、子どもが物を壊したときなど、それを保育者に伝えてくれたら、「正直に話してくれて、ありがとう」と普段から伝えることも大切でしょう。

子どもと一緒に考える

　困った子ども（困っている子ども）とのかかわりで大切なことは、まずは、その子どもの身になって考えてみることです。そして、大人がときにはリフレーミング（参照 p.28）などをしながら、「困った子ども」という見方を変えて、子どもと向き合うことが大切でしょう。大人の気持ちは、子どもに伝わります。子ども自身が「僕は、（みんなにとって）困った存在なのだ」と思わずにすむようにしなければなりません。

　原因探し（子どもの悪いところ、困った行動を指摘するの）ではなく、目的探し（そのようなとき、どうしたらいいのか）を、子どもと一緒にしてみる。そして、子どもがそれを行動に移せるようになるまで、寄り添い続けることが大切でしょう。

> **ポイント**
>
> 「叱る」より「説明」を。
> 「どうしたらよいのか」を教えよう。

26. 発達に課題のある子ども ①
　　子どもの発達を理解する

　子どもへのかかわりの出発点は、子どもを理解することです。どんな子どもでも苦手なことがあります。1人1人の特性に寄り添うことが、その子どものもつ力を引き出すサポートになります。
　発達に課題のある子どもへのかかわりも同様です。「発達障がいだから」などと見るのではなく、子どものよいところも、苦手なことも含めた子どもの全体を見て、その子どもの「個性」に寄り添うことが大切です。

子どもの世界を理解しよう

　発達障がいのある子どもたちは、運動、認知、知覚、コミュニケーションなどが、他の子どもとは異なる独自のペースや仕方によって発達していきます。見え方、感じ方、とらえ方、理解の仕方など、その子ども独自の世界をもっているのです。そうした子どもたちの発達をサポートするときは、一般的なルールに子どもを合わせさせるのではなく、その子どもの世界を理解して、子どもに合った工夫をすること、子ども自身が取り組めるようにすることが大切です。他の子どもに遅れをとらせないように、代わりにやってあげるのではなく、子ども自身が「興味をもって」「経験」できるように工夫することが大切でしょう。発達とは「経験」をとおしてのみ、なされるものだからです。

「何に困っているのか」を理解しよう

　こうした子どもたちは、生活の中で、さまざまなことに困っています。たとえば、①（音、周りの人、目につくもの、窓の外の）刺激に翻弄されて困っている、②（音、温度、食べ物などに）過敏であることに困っている、③状況や空気が読めずに困っている、④活動の切り替えができずに困っている、⑤思いを伝えられずに困っている、などです。大人の目線でみると、子どもが「わがままを言っている」「しつけに問題があるのでは」と見えてしまうかもしれませんが、決してそうではありません。

周囲の大人は、子どもに対して「どうしたら、他の子どもと同じようにできるだろう」「どうしたら、大人の言うことをきくだろう」という視点で見るのではなく、「この子どもは、何に困っているのだろう」「なぜ、そのような行動をとったのだろう」という視点で考えてみることが大切です。子どもの視点で考えてみたとき、はじめて、その子どもへのかかわり方の糸口が見えてきます。

子どもの「心」を育てる

子どもに変化を求めてはいけません。「理解すること」が大切です。
「最初はわからないことでも、先生がやり方を教えてくれたら、わかるようになった（できるようになった）」「苦手なことでも、どうにかやっていける」という体験をすることが大切です。
こうした体験は、「人とつながる力」を育てます。そして、つながりの中で「できるようになった自分」を認めてもらう体験は「自己肯定感」を育みます。
発達障がいのある子どもたちの多くは、「困った子」「変わった子」と見られ、褒められるより注意や叱咤される経験をしています。これらの経験は二次障害をひきおこし、子どもを傷つけ、子どもの育ちに深刻な影響を与えます。
そのため、特に保育園では、子どものスキルアップを第一に目指すのではなく、「子どもを理解すること」「認めて、褒めること」をしていただきたいと思います。それが、子どもの「心」を育てます。集団生活のスタートを笑顔で過ごせた経験は、子どもの未来に、あたたかい光を灯すことになるからです。

> **ポイント**
>
> 子どもの世界を理解する。
> 認めて、褒めて、子どもの心を育もう。

27. 発達に課題のある子ども ②
　　かかわりのポイント

　ある先生から「ある子どもが椅子に座らず、ずっと立ち歩いているので困る」と相談されたとき、その子どもに話を聴いてみたら「椅子が硬くて嫌なんだ」と話してくれたことがあります。

　このように「大人が困っていること」と「子どもが困っていること」は違うことがほとんどです。「大人が困っていることを、どう解決できるか」ではなく「子どもが困っていることに、どのようにサポートできるか」という視点で子どもを理解し、かかわることが大切です。

子どもの視点に立ったサポート

① 目に見える工夫をしよう

　たとえば、その子どもの座る場所や荷物を入れるロッカーにシールを貼る、1日のスケジュールがわかるように言葉とイラストを使ってスケジュール表を作成する、「何時まで、お絵かきの時間」と伝えるときに「長い針がここに来るまで」と、時計の時刻（数字）に印をつける、など視覚化を図ります。

　また、毎日の持ち物も、ハンカチ、ちり紙、連絡帳……などと、紙にイラストと数字（個数）を書き示して「バックの中身は6個だね」と伝えると、1人で準備ができるようになります。「できるようになった」という経験は、子どもの自信となり、別の行動を獲得することにつながります。

②「今、すること」をわかりやすく明確に伝えよう

　活動に取り組むときには「ⓐ今、何をするのか、ⓑどれだけ（どこまで）するのか、ⓒ終わったらどうするのか」を伝えます。立ち歩く子ども、作業を中断している子どもは、ⓐⓑⓒが理解できていないことがあります。「わからないときは、お友だちに聞いてみよう」という提案も、先生が伝えてこそ、子どもは行動できることがあります

　また、「静かにして！　こっちを見て！　本を読みますよ！」など、いっぺんに2つのことは言わないこと（1つずつ言うこと）も大切です。

③「できること」「できそうなこと」をさせよう

　子どもの「できること」「興味をもっていること」を基に行動をすると「できること」が広がっていきます。他の子どもと同様ではなくても、できることを練習します。苦手な作業を皆がするときは「先生のお手伝い」という役割をしてもらうのも一案です。また、「お片付けをしましょう」と伝えるとできないけれど、「お片付け競争」などと、片付けを遊びにすると、楽しみながら、片付けをする子どももいます。子どもが好奇心をもてるような工夫や呼びかけが、「できること」を増やすことにつながります。

④ 落ち着いて過ごせる「場所」をつくろう

　刺激に敏感でパニックになる子どもがいます。このような子どもは、他の子どもたちから一時的に離れ、落ち着くことが必要です。

　そのため、たとえば、廊下や部屋の片隅に大きなダンボールで作ったお家（仕切ったスペース）を設けることや、廊下の離れたところに椅子を1つ置き、「1人になりたいときの居場所」として子どもが使えるようにするとよいでしょう。他の子どもには「ここにお友だちが入っているときは、そーっとしておく」というルールを伝えておきましょう。

⑤ 子どもの気持ちを聴こう

　どんな行動にも、子どもなりの事情や理由があります。子どもは上手に自分の気持ちを言えないこともありますが、子どもの気持ちを聴くようにしましょう。子どもが自分の気持ちを言えたとき、思いを伝えれば、大人は聞いてくれる、わかってくれる、という体験が大切です。また、周りの子どもが不満を感じている場合もあります。いずれも、声をかけ、よく聴くことが大切です。

> **ポイント！**
>
> 子どもに合った、
> わかりやすい工夫、楽しめる工夫、
> 安心できる工夫をしよう。

28. 子どもの自己肯定感を育てる

　現代、子どもの自己肯定感の低下が指摘されています。そのため「自分を好きな子どもを育てよう」という取り組みは、保育現場や教育現場で大切なテーマとなっています。
　本来、自己肯定感とは「自分が好き」というだけではなく「自己受容」している状態です。人生には自分の思いどおりにならないことが必ずあります。「うまくいっているときの自分は好き。けれど、思いどおりにならない自分や自分の状況は受け容れない」というのでは、本当の意味で自己肯定ではありません。どんな自分をも自分であると認め（葛藤することがあっても、最後は「自分の一部分」として引き受け）、自分という存在を大切にできること、それが「自己肯定感」です。

認めてもらう体験が、自己肯定感を育む

　子どもの自己肯定感を育む――つまり、どんな自分の気持ちも、どんな自分の一部分も「大切な自分」として自分で認めていけるようになるためには、身近な大人から、そのように「認めてもらう」経験をすることが必要です。子どもは、大人に「してもらった」ように、自分でも「するように」なります。
　子どもがクヨクヨしているとき、悲しい気持ちのとき、うまくできないとき、そういう自分に対して大人から「それでは、ダメ！」「もっと、がんばりなさい！」と叱咤激励されるのではなく、「今、こんな気持ちなんだね」と認めてもらえたとします。そして、その上で、「今、何ができるのか」「これから、どうしたらいいのか」を一緒に考えてもらう体験をするとします。そうすると、子どもは、次に同じことがあったとき、大人にしてもらったように、自分の気持ちとつき合い、次の一歩を考えられるでしょう。

「褒めること」より大切なこと

　自己肯定感を育むためには、「褒めること」も大切です。しかし、「褒める」

ことだけを繰り返すことは、気をつけなければなりません。

「褒める＜認める」（認めることを多くした上で、褒める）と、「褒められた体験は、子どもの自信になります。しかし、「褒める＞認める」（認めることをしないで、褒める）だと、褒めてもらえた行動だけが強化され、「褒めてもらうために〜をする」という行動につながりがちです。大人の顔色をうかがうようになったり、「褒めてもらえるような、いい子の自分じゃないと、親や先生に愛してもらえない」と誤ったとらえ方をしてしまう場合もあります。

「認める」ことを日々のかかわりで多くもちながら、子どものいいところを見つけたときには、しっかりと「褒める」ことが大切でしょう。

褒めるより、一緒に喜ぶ

しかし、「褒める」ことも評価です。「上手ね」「よくできたわね」のような評価的な褒め方は、状況や子どもによっては「これからも、そうでありなさい」というメッセージになることさえあります。

「褒める」よりも「わー！　ステキ！」「やったー！」などと「一緒に喜ぶ」ことができると、子どもに先生方の気持ちは伝わりやすいでしょう。大人が喜びを表現するとき、子どもはさらに嬉しくなります。心が満たされます。大切な親や先生と一緒に気持ちを分かち合う体験は、子どもの自信（自己信頼）や自己肯定感を育むと考えられます。

ポイント！

子どもをいっぱい認めて、しっかり褒めよう！

参考文献：大竹直子「思春期の心の揺れ・葛藤にどうかかわるか」『児童心理』No.931, 金子書房, 2011

29. 子どもたちを小学校に送り出す前に

　子どもを小学校へ引き継ぐとき、保育者は「子どもの不利益にならないように」「先入観をもたれないように」と考え、迷うことがあります。地域によっては「引き継ぎシート」が作成され活用されていますが、引き継ぎ方のポイントを知っておくとよいでしょう。

「状況」より「対応」を伝えよう

　小学校の先生方が求めているのは「具体的な対応」です。つまり、「家庭の状況」より「（お母さんが入退院を繰り返し、子どもは不安定になりがち。）毎日10分、保育者と1対1でかかわる時間をもつようにしていた」。「発達障がい」という診断名より、「パニックになったとき、別室で、クッションを抱きかかえながら落ち着きを取り戻していた」と具体的な対応を伝えることが大切です。
　子どもが好んでいた「おもちゃ」「絵本」、落ち着くために必要としていた「場所」「物」などは、実際に見ていただくとよいでしょう。園に来ていただく機会がないときには写真で伝えます。場所や物の雰囲気、素材、色、大きさなどを理解していただき、子どもが安心できる様子をイメージしていただけるとよいでしょう。

支援が必要な子どもについての引き継ぎ

　支援が必要な子どもについても、具体的に伝えます。「子どもに『困ったときには、右手で"チョキ"をつくり、手をあげれば先生が行くからね』と伝えていた」「飲み込むことが苦手な子どもなので、お肉やうどんは小さく2cmほどに切って食べていた」などです。
　以前小学校入学直後、不安が強くて学校を休みがちな子どもがいました。そこで、大好きだった保育園の先生がいつもつけていたピンクのエプロンと同様のものを、小学校の担任の先生につけていただいたところ、安心して先生と言葉が交わせるようになり、登校できるようになったケースがありました。この

ように、集団生活が苦手な子ども、不安が強い子どもの場合、保育園の生活の一部を小学校に引き継ぐことも効果的です。

「子どもの成長」を伝えよう

そして、ぜひ、伝えていただきたいことは「子どもの成長」についてです。「3歳のとき〜ができるようになり、4歳のとき……、5歳のとき……」と、子どもの様子や、子どもの成長がわかるように伝えるとよいでしょう。

このような引き継ぎによって、小学校の先生方は、子どもへの理解が深まります。そして、これまで大切に子どもを育ててきた、保育者の気持ちが伝わります。保育者の「子どもを大切に思う"思い"」を感じていただくことで、その「思い」もつながれるのです。子どもが安心して学校生活をスタートするために大切なことであるように感じます。

子どもたちへの引き継ぎ

卒園が近くなったら、子どもに「保育園で過ごした3年間で、折り紙が折れるようになったね。鉄棒もできるようになったね。困っているお友だちを助けることもできたね」などと、保育園において、子どもができるようになったことを、一緒に数え、たくさん伝えてください。(紙に書くのもよいでしょう。)

小学校という新しい環境に入るときには、不安や心細さを感じる子どももいます。保育園で成長した自分を、一緒に過ごしてきた先生方と具体的に言葉にしながら数え、一緒に喜びを分かち合うことが、小学生になる子どもの自信となり、あたたかい心のエネルギーとなります。

> **ポイント!**
> 「状況」より「対応」を、
> 「具体的」に引き継ごう。

Ⅳ 実践　保護者とのかかわり

30. 信頼関係をつくる

　多くの保護者は、保育者に対して「話をしてほしい」よりも「話を聞いてほしい」と思っています。保護者とのコミュニケーションにおいて、まず保育者に求められているのは「聴く」ことでしょう。こちらの言い分や考えを伝える前に、保護者の話を聴くことが大切です。

保護者とのかかわりは「関係づくり」が目的

　たとえば、朝あいさつをするとき、夕方のおむかえで保護者に伝えなければならないことがあるとき、個別面談で保護者の相談をうかがうとき、解決しなければならない問題があるときなど、保育者と保護者は、さまざまな場でかかわります。どのような場面も、保護者とのかかわりは「関係づくりが目的である」と考えてみましょう。
　解決しなければいけない問題があるときも「関係づくり」が目的です。そのような気持ちでいると、解決に急がず、保護者の気持ちを大切に、解決に向けて話し合うことができます。保護者からのクレームをうかがうときも、目的は「関係づくり」です。「対応」という気持ちでいると、つい、正論で説明してしまいますが、それでは保護者は、かえって「わかってもらえていない」気持ちが強まり、話がこじれてしまいます。どんなときも関係をつくることを目的にかかわりましょう（ 参照 p.80～83）。そうしたかかわりが、信頼関係を築きます。

保護者が求める保育者像

　保護者は、どのような保育者に信頼感や安心感をもつでしょうか。1つは、「子どものよいところを知ってくれている先生」です。子どものよいところ、頑張っているところ、できるようになったことを見て、知ってくれている先生に、保護者は信頼感を寄せるようです。
　また、保護者は、自らの「子ども観」を、保育者に求める傾向もあります。たとえば「明るく元気な子どもに育ってほしい」という子ども観をもっている

保護者は、子どもと長い時間を一緒に過ごす保育者に対しても「明るく元気であること」を求める傾向にあります。「明るい笑顔」「元気」「優しさ」などは、多くの保護者が子どもに求める子ども観です。それは同時に、保育者に求めることでもあります。

もちろん、保護者の期待に添うことだけが大切なのではありません。しかし、明るい笑顔、元気なあいさつ、優しさは、保育者と保護者の関係性を築く上で大切な要素であることは心に留めておくことが大切です。

心のこもったあいさつが関係性を変える

その中でも、特に大切なのが「あいさつ」です。「目を見てあいさつをしてくれなかった」「個別面談で、顔を合わせたとき、すぐに"今日は、どうされましたか？"と用件に入った」など、あいさつの仕方や、あいさつがないことで、保護者と保育者との間に、ひびが入ってしまったケースが、実は、とても多いのです。

その日最初に顔を合わせたとき、面談をスタートするとき、どのようにあいさつをし、スタートすることができるのかが、とても大切です。心が通うあいさつをするために、気持ちの余裕や、あいさつを大切にする意識をもてるとよいでしょう。

心のこもった、笑顔のあいさつは、気持ちがよいものです。相手が自分を大事にしてくれている気持ちにさせてくれます。信頼関係は、そこからスタートしています。

> **ポイント**
>
> **保護者は、子どもや自分を大切にしてくれる保育者に信頼感を寄せる。**

31. お母さんの心の揺れ ①
母子分離と葛藤

　保育者が、子どもと保護者（とくに母親）との関係を見守り、支えていくために、知っておくと助けになることの1つに「発達理論」があります。心理学には、さまざまな発達理論や考え方がありますが、今回は次の3つの発達段階に分けて考えてみましょう。

3つの発達段階

① 一者関係

　お母さんのお腹に子どもの命が宿ったとき、まさにお母さんと子どもは一体です。お母さんと子どもの関係は、そこからスタートしています。子どもの誕生から2歳くらいまで、お母さんと子どもは心理的に「母子一体」であると考えられています。子どもは1人では生きていけず、母親（養育者、以下省略）に絶対的に依存しています。母子ともに、まるで2人で1人のような感覚をもつでしょう。

② 二者関係

　それまでずっとお母さんに抱っこされていた存在の子どもは、やがて、自らの意思で動き出す時期に入ります。ハイハイをしたり、興味のあるものは何でも手にとってみるなど、子どもに「自我」が芽ばえてきます。母子一体だった状態から、自他の分離・分化が進む時期です。お母さんと子どもは「一体」ではなく、「共に生きる」存在になります。2歳～4歳くらい、トイレット・トレーニングをしている時期です。

③ 三者関係

　4歳頃になると、それまでの母子の関係（2人の世界）に、父親という存在が入ってきます。「母と子ども」の世界から、父親を含めた三者の関係へと広がっていきます。お父さん、お母さん、子どもの三者が「共に生きる」ということが、子どもの心の世界にも展開されていきます。

母子分離と葛藤

保育者が、特に知っておきたいのは「二者関係」の時期についてです。

この時期、個人差はありますが、母と子は葛藤を抱えます。母子一体だったときには受身だったわが子が自らの意思で動き出し、ときには思いどおりにいかなくなります。「かわいいわが子」は、「思いどおりにいかない子」にもなるわけです。愛おしいばかりではなく、ときには自分の思いどおりにならず、イライラや心配の種をつくる。それでも、それを受け容れていかなければならないのです。それは、同時に自分自身に対しても「本当は優しいお母さんでいたいのに、イライラしてしまう自分」を受け容れていくことを意味します。

子どもを愛する気持ちをもちながらも、「この子はどうして泣き止まないの！」と不安を抱え、イライラしてしまう自分を責めることもあるでしょう。このような状態が続くと、心は疲れ、気持ちの置き所がみつからず、葛藤やイライラの矛先が、保育者に向かうことがあるかもしれません。保育者が子どもの気持ちを代弁すると「母親は私なのに！」と対立心を抱くこともあるでしょう。このようなお母さんは、つらく、孤独で、心がもがいているからこそ、身近な保育者に、そのどうしようもない気持ちを向けてしまうのです。

このようなことを、保育者は理解しておけるとよいでしょう。母子分離において、心が揺れ、葛藤している時期の親子を見守り、支援することに役立ちます。

> **ポイント**
>
> 保護者（お母さん）が体験している心の揺れを理解しよう。

参考文献：D・W・ウィニコット著, 牛島定信訳『情緒発達の精神分析論』岩崎学術出版社, 1997

32. お母さんの心の揺れ ②
「母になる」ということ

　保育現場で、保育者が出会うのは、母子一体から母子分離にいたる時期の子どもたち、お母さんたちがほとんどです。

　保育者の悩み（とくに、保護者との関係についての事例）を聞かせていただくと、この時期ならではのお母さんたちの葛藤やつらさが影響をしているケースが多いことに気づきます。お母さんたちは、自分を責めたり、焦ったり、強い不安に襲われたりしているうちに、気持ちに余裕がなくなることもあるでしょう。本来は、共に子どもを育てる仲間である保育者に、ときには心ない言葉を発すること、不安や怒りをぶつけてしまうと感じることがあります。

　ここで大切なことは、保育者は、保護者の言葉だけを真に受けるのではなく、そう言わざるをえないお母さんの心の揺れや葛藤を理解しておくことです。言葉のパワーは強いので、心ない言葉を投げかけられると、傷ついてしまうこともあるでしょう。そのようなときは、1人で抱えず、信頼できる同僚の先生に相談しましょう。自分の気持ち、傷ついた気持ちをていねいに言葉にしてみましょう。そして、お母さんの現在の心情を思いめぐらしてみましょう。さらに、これから誰が、どのように、かかわっていくのがよいのか、話し合えるとよいでしょう。

いつ「母」になるのか？

　「お母さん」という存在は、生物学的には、子どもを授かり、子どもを産むことで母親になります。しかし、心が「お母さん」になることは、そう簡単にいかないこともあるようです。

　二者関係を築く時期には、不安や焦り、母親としての自信のなさで、心がいっぱいなお母さんもいるでしょう。目の前にいる、愛おしいわが子でさえも、心から愛する（愛を表現する）余裕がもてなくなることがあるかもしれません。そんなときでも、子どもは待ってはくれず、現実生活と向き合い、時間に追われ、育てていかなければならないのです。

　このようなお母さんたちが、母としての自分を受け容れていくために（心も

お母さんになるために)、「母親である自分」を周囲から認めてもらう体験が必要です。母親としての自分を周囲の人に認められ、受け容れてもらうと「あぁ、私は、母なのだ。この子のお母さんなのだ」という実感になります。それが、母としての自分を、自分が受け容れる助けになり、ひいては、あるがままの子どもを受け容れることにつながります。

保育者という大切な存在

　この時期、保育者は、お母さんたちにとって、どんなに大切な存在でしょう！
　先生方から「お母さん」として自分が認められ、受け容れてもらう経験は、お母さんたちが自分自身を「母親」として受け容れ、成長していくプロセスにはなくてはならないものです。
　そのため、保育者は、保護者の「よく頑張っているところ」「子どもへの愛情が感じられるところ」「子どもが大好きなお母さんの部分」などをみつけましょう。そして、母親としての不安や自信のなさを抱えているお母さんには「アドバイス」よりも、これらのことを伝えましょう。
　それでも、大きな不安や葛藤から逃れられず、保育者を責め、不満をぶつける保護者がいるかもしれません。
　保育者を責めること、訴えることは「求めている」ことです。このような保護者には、気持ちを受けとめつつ、「(そういう気持ちでいるお母さんであっても)これからも一緒にやっていこうと思っていますよ。お母さんと一緒にお子さんを育てていきますよ」という構えで、かかわり続けることが大切です。向き合い続けてくれる保育者の存在は、母親としての自分を受け容れる大きな助けになるでしょう。

> **ポイント**
> 母である自分を他者に認めてもらうことで「母」になっていく。

33. 面談のポイント ①
　　セッティングと始め方

　保護者との面談は、保護者側から申し出がある場合と、保育者側から設定する場合とがあると思います。どちらの場合も安心して話していただく機会にするためにも、次のような点に配慮できるとよいでしょう。

面談をセッティングする

　保育者が面談をセッティングする場合、たとえば、朝に顔を合わせたときに「ちょっとお話したいことがあるので、今日、おむかえのときに、少しお時間いただけますか」と言うことがあります。すると、保護者は「何の話だろう？」「あのことかしら？」「ああ言われたら、何て言おう……」「ああ言われたら、こんなふうに言おう」などいろいろと思いめぐらし、夕方に先生とお会いするまでの間に、すっかり防衛的になってしまうかもしれません。

　そのため、保育者側からセッティングするときには、短い言葉で、簡単に用件を伝えましょう。「お子さんの、最近の園での様子をお伝えしたいので、今日、おむかえのときに、15分ほど、お時間いただけるでしょうか？」など、短い言葉で具体的に用件と時間を伝えます。

　ここでポイントになるのは、始まりの時間だけではなく「終わりの時間」もわかるように伝えることです。保護者から面談の申し出があったときも「16：00から17：00まで時間があります」など、終わりの時間をあらかじめ伝えることが望ましいでしょう。

面談の始まり方

　面談のスタートは、「今日の面談がどのような時間になるのか」に大きくかかわってきます。慌てて面談を始めるのではなく、心を落ち着けて安心モードになってから（参照 p.34）のぞみましょう。

　保護者との面談は、①あいさつ、②労い、③プラスのメッセージ、から始めることができるとよいでしょう。

① **あいさつ**

「こんにちは」「いつもありがとうございます」など。(あたり前のことですが、ここが抜けて落ちてしまうと、あたたかく迎え入れてもらえている感じがもてません。目を見て、心をこめたあいさつを心がけましょう。)

② **労い**

「今日は、お忙しいところ時間をとっていただき、ありがとうございます」など、保護者への感謝の気持ちを一言伝えましょう。

③ **プラスのメッセージ**

「○○くん(子どもの名前)、先日、泣いているお友だちに優しく声をかけてあげていましたよ」「上手に、はさみが使えるようになりましたね」など、子どものよいところ、子どもができるようになったこと(エピソード)を伝えます。エピソードを伝えるのが苦手な場合は、子どもが描いた絵などを面接室に持ち込み、「こんなにイキイキとした絵を描かれましたよ」などと、保護者と一緒に、子どもの成長を味わい、喜びを共有することもよいでしょう。

このような、子どもの嬉しいエピソードを先生方から聞くことは、保護者にとって、とても嬉しいことです。「この先生は、子どものことを、ちゃんと見てくれている」という思いが、「先生と一緒にやっていこう」という信頼感につながります。このような時間を数分もったあと本題に入ることができるとよいでしょう。

> **ポイント**
> 個別の面談は信頼関係を築くチャンス！ 始まりが肝心。

34. 面談のポイント ②
終わり方

　保護者の話を十分に聴くことができたら（ 参照 「保育カウンセリングの流れ」p.10、「傾聴」p.12～15）、面談も終盤です。

面談の終わりに向かう

①「今の気持ち」を聴く

　そろそろ面談の終わり時間に近づき、保護者の話も一区切りがついたら、終わりに向かいます。「今、お話されてみていかがでしょうか？」と、話してみて保護者が感じていること（または、保育者からの話を聞いて、今感じていること）をうかがってみましょう。すると「話ができてよかったです」や「うまく言葉にできなかった」「引き続き、考えていきたい」など、保護者は、今の気持ちを言葉にしてくださると思います。どんな気持ちで面談を終えたのか、保育者が理解しておくこと、保護者と保育者が共有しておくことが大切です。保育者からも「ではまた後日、お話しましょう」や「よかったです。安心しました」などと伝えることができます。

②「今、できること」をみつける

　不安や悩みがあるとき、自分の気持ちや状況を語ったあとには、「もっと頑張らなきゃ」「少しずつやっていこう」と思うことがあります。しかし、これは具体的ではなく、行動に移しにくいと考えられます。大切なことは、できることを具体的にみつけて、1つずつやっていく見通しをもつことです。

　保護者が「子どもを叱ってばかりではいけませんね。もう少し余裕をもって、子どもに接することができるようにしたいと思います」という場合も、具体的に「できること」をあげていただきます。すると「子どもに『ありがとう』を1日5回、言うようにする」や「子どものよいところを、1日1つみつけて、子どもを褒めるようにする」などとおっしゃるかもしれません。具体的にすることが見えたほうが、行動も、気持ちも一歩踏み出すことが容易になるでしょう。

③「うまくいっていること」を伝える

　相談の内容によっては、なかなか問題解決や安心できる状況に至らないケースもあるでしょう。このようなつらい状況が続いているとき、人は自分の足りない部分、困った部分に意識がいきがちです。保育者は、保護者の話を聴きながら、「もっと～できたらいい」「こんなふうに、したらいい」という視点ではなく、「うまくいっている部分」をみつけ、それを伝えることもよいでしょう。「足りない部分を補っていく」こと以上に、「今、あるもの（できていること）を維持する」視点をもつことが安定につながり、状況をよい方向に変えていくことがあるからです。（ 参照 「リフレーミング」p.28）

次回につなげる一言

　そして、面談の最後に「今日は、ありがとうございました」という感謝の気持ちとともに、「また、お話しましょう」「何かあったら、いつでも声をかけてくださいね」など、次につながる一言を伝えましょう。

　この一言を言ってもらえるか言われないか、保護者にとっては大違いです！「1人で抱えずに、一緒に考えてもらえる」「何かあったら、先生が聞いてくれる」という実感をもてることが安心感になります。たとえ、すぐに解決できないとしても、保護者は「もう少し頑張ってみよう」「つらいけれど向き合ってみよう」と、今をしのぐ大きな力を得るでしょう。

> **ポイント**
>
> 保護者が、明日から「できること」を具体的にみつけよう。

35. 面談のポイント ③
円滑に話し合うために

気持ちを確かめながら話をすすめる

　たとえば、「最近、タロウくんが、お友だちのヒロシくんとケンカをすることが多かった。今日も、おもちゃの取り合いが始まった。すると、おもちゃがヒロシくんの顔にあたり、軽い怪我をしてしまった。ヒロシくんのお母さんが、タロウくんのお母さんと話したいと言っている」と一連の状況を、タロウくんのお母さんに説明しなければならない場面があるとします。

　このとき、出来事の発端、経緯、今の状況までを一気に説明すると、初めて聞く保護者は、話に気持ちがついていけずに驚き、パニックになり、怒りの感情がこみあげてくることもあるでしょう。そのため、一気に説明をするのではなく、1つ伝えたら、保護者も一言、言葉を発することができるように、間を置きながら話をすることが大切です。「最近、お友だちとケンカをすることが多くて、私たちも心配していたのですが……。タロウくん、お家では、何かおっしゃっていました？」「ヒロシくんが怪我をして……、お母様も、びっくりされていると思うのですが……」などと、保護者が感じていることを言葉にできるように保育者は話をゆっくり進めます。

　複雑な話のときほど、このように、保護者の認識を確かめながら、気持ちが話についていけるように話を進めていくことが大切でしょう。

あいまいな返答

　保育園での子どもの様子が気になり、家での様子、家族の様子について、保育者から保護者にたずねることがあるかもしれません。そのようなとき、もしも、保護者から、あいまいな答えが返ってきたら、深追いをするのはやめましょう。

　保育者は、共に育てている仲間として保護者とかかわるとき、子どもを思う気持ちが強いからこそ、保護者を「1人の大人」というよりも「○○ちゃんのお母さん」として向き合うことがあるように感じます。しかし、保護者も、1人の大人として「人には知られたくないこと」「言いたくないこと」があるでしょ

う。子どものことを思えば、保育者が理解しておいたほうがよいことでも、保護者の気持ちとしては躊躇することがあるかもしれません。

　信頼関係を築くためには、「安心できる、ほどよい心の距離」が必要です。状況理解よりも信頼関係を、子どもを共に育てる関係性においては大切にしたいものです。子どもの命や安全にかかわる問題は例外ですが、保護者のあいまいな返答は、追及しないほうがよいでしょう。

どこまで伝えるのか

　保育園での子どもの様子を、保護者にどこまで伝えたらよいでしょうか。ポイントの1つは、母子分離の状態です（参照 p.66〜67）。保育者が、子どもの心配な点を、保護者と一緒に考えようとしたところ、母子一体でいるため、お母さんは、「子ども」ではなく「自分」について指摘されたように感じ取り、冷静でいられなくなる場合もあります。このような場合、家に帰ってから、子どもに「先生が、こんなふうに言っていたわよ！　お母さん、すごく嫌な思いをしたんだから！」と子どもに気持ちをぶつけてしまう保護者もいます。これでは、子どもと保育者との関係に影響を及ぼしかねません。

　そのため、保護者に応じて、その保護者が受けとめられる言い方・内容で伝えることができるとよいでしょう。子どもに伝わってもよい内容、伝わってもよい言葉で、保育者が伝えることができるとさらに安心です。

ポイント！

> 保護者の身になると、
> 配慮すべきポイントが見えてくる。

36.「言うべきこと」の伝え方

「保育園の前に、車を停めないでください」など、保育園によってさまざまなルールがあります。また「来週までに、この書類を提出してください」などのお願いごとも、日々の生活の中には出てきます。このようなとき、理解していただくこと、協力していただくことが難しい保護者には、どのようにかかわっていったらよいでしょうか。

言うべきことは、お願い口調で

このようなことは、保育園側からすると、保育園が皆にとって安全で、心地よい環境を維持するために「守っていただかなければならないこと」ですが、保護者側からすると「それは、保育園の都合でしょう？」というものも少なくありません。

お互いの立場で、お互いの価値観で「こうするのがあたり前」「これが保育園のルール」という態度で主張されると、反発したくなる人もいるでしょう。

そのため、ていねいに理由を伝え、相手の気持ちを察した上で「お願いごと」として伝えると保護者は受けとめやすくなります。たとえば、「保育園の前に車が停められなくてご不便をおかけしております。近隣住民の方の行き来も多い道路なので、駐車場に停めていただけるようご協力いただいています。朝のお忙しい時間に申し訳ないのですが……」など、保護者にとっての「不便」「忙しい朝だから、できるだけ、園の近くに車を停めたい」という気持ちを理解し、言葉にした上で、お願いをするのです。「先生たちは、こちらの気持ち、状況をわかってくれているのだな」と保護者に感じていただけるように、伝えられるとよいでしょう。

自己選択・自己決定をしてもらう

カウンセリングでは、相談者が、主体的に考え、行動できるようにサポートします。最後には、相談者が「では、こうしてみます」と自己選択・自己決定

できることを大切にします。

　保育園側のお願いを、なかなか聞いていただけないときには、一方的にこちらのお願いをし続けるのではなく、保護者に選択・決定していただくようにするとよいでしょう。

　たとえば、「明日は、水遊びをするので、1枚多くTシャツを持ってきてください」と連絡帳に書いても、持たせてくれない保護者がいました。1回に限ったことではありません。いつも持ち物が足りなくて困っているのは、子どもです。そのため、先生方はお母さんに「忘れずに持ってきてくださいね」とお願いをするのですが、なかなか改善しないままでした。

　このようなとき、先生方からお願いを繰り返すのではなく、お母さんの身になって考え、次のような提案をします。「お仕事でお疲れの上、夜もいろいろとお忙しいことと思います。いつも連絡帳に書かせていただいているお子さんの持ち物について、お母さんのご負担を少なく、忘れずに見ていただける方法があったらいいなと思うのですが」「たとえば、持ち物のところだけ、ピンクのマーカーで線を引くとか。付箋に書いて、連絡帳の表紙に貼るとか……」といくつか選択肢を挙げるのです。そして、お母さんに選んでいただきます。

　自己選択、自己決定をしたことは、その後の行動に結びつくことが多いものです。保育園側のお願いが、なかなかわかっていただけないとき、保護者の身になって選択肢を考え、歩み寄るための提案をし、選んでいただくことができるとよいでしょう。

ポイント！

相手の気持ちを尊重すると「お願い」「提案」する言い方になる。

37. アドバイスのコツ

　「解決より理解を」「保護者が自己選択できるように」とはいうものの、子どもの安全や健康にかかわることなどで、保育者が保護者にアドバイスをしなければならないこともあるでしょう。
　ふだん私たちが、誰かにアドバイスをするときの多くは、相手の話を聞いて、その人に必要だと思うことをアドバイスする、というものです。
　しかし、それは「聞き手の考え・価値観」に基づいたアドバイスです。そのため、アドバイスを生かしていただけないことが起こりえます。

どのようにアドバイスをするのか

コツ①　「相手ができること」をアドバイスする
　アドバイスをするときには、「相手ができること」「相手がしたいと思いそうなこと」をアドバイスすることが大切です。そのためには、アドバイスをする前に、相手の話をていねいに聴く必要があります。
　たとえば、精神疾患を抱え「子どもとのスキンシップが苦手」というお母さんがいるとします。このお母さんに、子どもにとってお母さんとのスキンシップがどれほど大事なのかを伝え、「1日1回でもいいから、子どもをしっかり抱きしめてあげてほしい」とアドバイスすることは正論ではありますが、それはお母さんにとっては難しいことでしょう。
　このような場合、お母さんの話を、まずは、ていねいに聴きます。すると、お母さんご自身が、どんなふうにお子さんとかかわりたいのかが伝わってくるでしょう。また、これまでお母さんと子どもとのかかわりで、「うまくいっている場面」「うまくいっていない場面」などもお聞きすることで、状況が整理できるでしょう。
　たとえば、「子どもと、ぬいぐるみをつかって遊んだとき、私はいつもより穏やかな気持ちで。子どもも、とても嬉しそうでした」とおっしゃったら、それをヒントに考えます。「ぬいぐるみで遊ぶ時間を増やしてみてはどうでしょうか」とか「（お母さんが穏やかな気持ちだと、子どもはとても嬉しい、をヒントに）

まずは、お母さんが、どんなときに、穏やかな気持ちになれるのか、生活の中でみつけることからスタートしてみましょう」などとアドバイスできるかもしれません。

コツ②　言い放しにしない

コツの2つ目は、「～してください」などとアドバイスをしたら、それで終わりにしないことです。言い放しにせずに、「いかがでしょうか？」「どうでしょうか？」などと聞きます。アドバイスを受けて、どのように感じ、考えているのかを聴いてみましょう。そのときの気持ちを言葉にしていただくことは、その後、アドバイスを受けて一歩踏み出すこと（行動）につながりやすくします。

保護者にアドバイスをする目的は、保護者に元気を取り戻していただくことです。アドバイスによって「それならできそうだな！」とか「そのようにやってみよう！」と希望をもって、問題や課題に取り組んでいただくことが大切です。

抱え込まずに、適切な人につなごう

保護者との面談では、アドバイスもできないほど、深刻で、解決することが困難な悩みもあるでしょう。そのようなとき、保育者は1人で抱え込まずに、できるだけ早く、先輩の先生に相談することや専門機関につなぐことが必要です。

「誰かを頼ること」「適切な人につなぐこと」は、保育者にとって大切な力であるといえるでしょう。

ポイント！

> **元気を取り戻していただけるような、アドバイスをしよう。**

38. 難しい保護者へのかかわり ①
   ほどよい距離感

　子どものことに無関心な親、自分勝手な要望をする親、クレームばかりつける親……。このような難しい保護者は、保育者にとって悩みの種になることがあります。保護者にとっては、かわいいわが子のことだからこそ（または、自分自身のことで精一杯だからこそ）そうせずにいられないのでしょう。しかし、保育者も人間です。一方的にクレームをつけられたり、無視をされれば、傷ついたり、嫌な気持ちになります。このときに、一番の犠牲者は子どもです。
　本来、保護者は共に子どもを保育する仲間です。子どもにとって、家庭と保育園の両方が安心できる場所であるためにも、保護者と保育者の両者がよい関係を築けるように心がけることが大切です。

保護者スキル

　筆者がカウンセラーとして、保育園、小学校から大学までの保護者とお会いする中で感じることは、保護者にも「保護者スキル」というものがあり、それは保護者歴が長くなればなるほど、スキルアップしていくということです。つまり、初めてのお子さんが保育園に通う保護者は、保護者歴はまだわずかです。そうなると、子どものことや不安、先生方への要望について話すことに、まだ慣れていません。どんな言葉で、どこから、どこまで話をしたらよいのかが上手ではない保護者もいます。
　ある保護者は「最初は、担任の先生にただ聴いていただければいい、という思いで話し始めたのですが、気がついたら、私、モンスターペアレントになっていました。話し始めたら、感情がこみ上げてきて、先生を責めてしまって。そうしたら、引けなくなってしまった。そんなつもりはなかったのに。どうしたらいいですか？」と話してくれました。このように、子どもの話をしているうちに話が脱線することや、感情的になってしまうケースは少なくありません。
　このような流れにならないためにも、お互いを守りながら、ほどよい距離感で話せるための「枠組み」をつくることが必要です。

枠組み①　面談にのぞむ人数

　難しい保護者との面談は、原則として「＋1」の人数で会うとよいでしょう。保護者が1人でみえたら、保育者側は2人。保護者が2人でみえたら、保育者側は3人で会います。保育者と保護者が同じ人数だと、感情をぶつけやすく、「＋2」の人数では圧迫感を与えてしまいます。保護者が「先生方は、私と向き合おうとしてくれている」「耳を傾けてくれている」と感じるのも、「＋1」の人数で迎え入れてくれたときのようです。

　そして、できれば、お部屋にお花や植物を飾り、お茶を出すなどして、リラックスできる、あたたかい雰囲気をつくれるとよいでしょう。（参照「保育カウンセリングとは」p.9）

枠組み②　終わりの時間を告げる

　面談の約束をするときにも、面談の始まりと終わりの時間を伝えますが（参照「面談のポイント①」p.70）、当日、面談を開始するときにも「では、15：00まで時間がありますので、よろしくお願いいたします」などと終わりの時間を伝えます。

　保護者が一生懸命話をしてくださると、話を切るのが申し訳ない気持ちになりますが、面談を長引かせることは、よいことではありません。こちらは「話を聴いている」つもりでも、話し過ぎてしまった保護者は「言わされた」という気持ちになり、それが怒りにつながることさえあります。後日、あらためてお会いするほうがよいでしょう。（参照 p.84）

> **ポイント！**
> 難しい保護者が「安心できる」ように場をセッティングしよう。

39. 難しい保護者へのかかわり ②
　　クレーム・要望

　難しい保護者ほど、傷つきやすく、わかってもらいたい気持ちが強い——そのように感じることがあります。「この保護者は、文句ばっかり言う」「怖い」と思ってしまうと、気持ちが萎縮して、身構えてしまいます。しかし、保護者の身になってみると、抑えられない感情や、わかってもらいたい気持ちを、真剣に保育者に伝えようとしていることが感じられます。「対立」ではなく「違った価値観をもつ仲間との話し合い」ととらえ、おだやかに話し合えるように保育者は、自分自身の構えをつくっておくことが大切でしょう。

正論に気をつけよう

　保護者は、かわいいわが子についての話をするときには「感情」で話すことがほとんどです。「感情」に対して、やってはいけないことが「正論」で向き合うことです。保護者から苦情をぶつけられると、保育者はつい「説明」したくなります。しかし、気持ちを受けとめてもらう前に説明をされてしまうと、保護者にとっては、それは「説明」ではなく「説得」されている気持ちになってしまうでしょう。

　そのため、まずは傾聴します。「そのようにお考えだったのですね」「心配してくださっていたのですね」と気持ちを認めます。ここでしっかり、保護者に伝わるように「認める」ことが大切です。保護者に「先生に気持ちをわかってもらえた」と伝わった後で、はじめて、保育園としての考えをお伝えします。

　たとえば、「子どもに、ハサミを使わせるなんて！　怪我をしたら、どうするのですか！」と怒鳴り込んできたお母さんがいるとします。それに対して「子ども用の安全なハサミを使っています！」「ハサミを使うことも大切な経験です」とすぐに説明すると、保護者は「反論」されているような気持ちになります。そのため、まずは「ハサミで怪我をしたらとご心配だったのですね」と気持ちを受けとめます。お母さんには、子どもがハサミを使うことを心配する理由があるかもしれません。そうした気持ちをお母さんが話せるように、受容的な雰囲気でいられるとよいでしょう。「以前、ハサミで怪我をしたことがあったので

すね。それでは、ご心配になられたでしょう」などとお母さんの思いを受けとめた後で、「小学校では授業の中でハサミを使います。そのときに、お子さんが安心してハサミを使うことができるように、保育園で、練習できればと考えていました。今後は、私たちも、これまで以上に、怪我のないよう、気をつけたいと思います」と説明をし、「いかがでしょうか？」とお母さんの気持ちもお聞きできるとよいでしょう。

難しい要望

とはいえ、実際のケースでは「家まで子どもを迎えに来てください」や「抱っこしていないと泣くので、1日中、抱いていてください」など、応えられない要望が寄せられる場合もあります。

「親の気持ち」で出された要望は、「子どもにとって何が大切か」という視点で話し合うと理解し合えることもあります。しかし、それさえも難しいとき、大切なことは「できないことのライン」を職員間でしっかりと決めて、全員で共有しておくことです。「A先生はしてくれたのに、なぜB先生はしてくれないの？」ということがあると、保護者はかえって混乱します。その上で、保護者の気持ちに寄り添いつつ、できないことは伝えましょう。

保護者の気持ちも理解し受けとめた上で、おだやかに、ゆっくり、しっかり、誠意をもって伝えることが必要です。このようなときほど「話す内容」より「安心できる関係・時間」（参照「相手を変えようとしない」p.40）に注意を払うことが大切になるでしょう。

> ポイント！
> **感情に対しては、正論で向き合わない。
> 感情を受けとめよう。**

40. 話が終わらない保護者・話してくれない保護者

話が終わらない保護者

　保護者との面談は「時間の枠」が大切であり、「終わりの時間を伝えること（できれば、面談開始時にも「○：○○までは時間があります」などと伝えること）（参照 「面談のポイント①」p.70）は、話が終わらない保護者にも大切です。その他、いくつかのポイントをご紹介しましょう。

① 話が脱線するケース

　カウンセリングでは「今、ここで」の気持ちを大切にしますので、ふと湧いてきた気持ちや出来事について語ることは大切です。少しの「脱線」は、話に戻ることが容易ですが、話が「迷子」になりかけたら「子どもに話を戻しながら聴く」ことが必要でしょう。
　たとえば、保護者がきょうだいのことばかりを話すとき、「お兄ちゃんのときは、こんな問題は起きなかった。私の教育が悪いわけではない」ことを保育者にわかってもらいたいのかもしれません。そのため、「保育士もそうですよ。同じようにかかわっていても、個性が違うと1人1人違ったように育ちますね。難しいですね」などと伝え、話が子どもにつながるようにします。また、お母さん自身の話がふくらんでいくときには「お母さんご自身に、このようなご経験があるから、なおさら、お子さんのことが心配なのですね」などと、子どもに話をつなげるとよいでしょう。

② いくつもの話題が含まれるケース

　保護者の悩みは、たとえば、「子どもの気質」「しつけの仕方」「かかわる時間がないこと」「お父さんが協力的ではないこと」「祖父母との関係」など、さまざまな問題が絡むことが少なくありません。その1つ1つに課題や問題があると、語っていくうちにポイントが見えなくなり、話が終わらなくなってしまうことがあります。
　このようなとき、面接時間の残り15分ほどになったら「あと残り15分ほど

になったのですが……、今日はいろいろな話を聞かせていただきました。お子さんの気質のこと、しつけのこと……（と出てきた話について、あげていきます）。この中で、あえて1つ、このことから取り組んでいけるかな、と思うことには何がありますか？」とうかがいます。するとお母さんは、「子どもにかかわる時間を増やすことかしら？」とおっしゃるかもしれません。そうしたら、「そのために今、できること」をお母さん、そして保育者で1つずつ具体的にあげます。そして、「では、それをお互いに1週間やってみて、またお話をしませんか？」と次回につなぐことができるとよいでしょう。

話してくれない保護者

「最近、いかがですか？」「お子さんのお家での様子はどうですか？」「何か困っていることはありませんか？」など、いろいろな問いかけをしても、話してくれない保護者もいます。このようなとき、「話したくない」「何から話していいかわからない」「話せない理由がある」など、保護者の気持ちはさまざまです。

カウンセリングでは「今、ここで」の気持ちを大切にします。そのため、話さない保護者に向かって、保育者が次々と質問をすることよりも、「言葉にするのは難しいですよね。何かお話しにくい感じがありますか？」などと、「今、ここで」の保護者の気持ちを理解するためのかかわりができるとよいでしょう。

保護者によっては、会話よりも、交換ノートなどの間接的なコミュニケーションのほうが、本音を語れることもあります。そのようなときは「連絡ノート」とは別に、気持ちを自由に書ける別のノートを用いることや、手紙でやりとりするのも一案です。

> **ポイント**
> 「今、ここで」の気持ちに立ち戻り、理解しよう。

41. 精神疾患を抱える保護者

　現代、うつ病をはじめとする精神疾患を抱える人はめずらしくありません。保護者の中にも、そうした病や心の不調を抱えている方がいらっしゃるかもしれません。特別視することなく、しかし、次のような理解と配慮ができるとよいでしょう。

親の安定が、子どもの安定につながる

　子どもは「甘えてもよい人」を本能的に見極めています。そのため、体調の悪い親と一緒に過ごす家では「いい子」にしているけれど、保育園に来たとたん、問題行動を起こすことも少なくありません。
　このようなとき、保育者は困って、保護者に保育園での子どもの様子を伝え、一緒に考えていただこうとするかもしれません。しかし、精神疾患を抱える保護者のケースでは、このような対応は、かえって状況を悪化させてしまうことがあります。なぜなら、保護者の心の状態は、そのまま、子どもに伝わり、子どもの心の状態に影響を及ぼすからです。
　そのため、このようなときは、積極的に、保護者へ「子どものよいところ」「できていること」「頑張っていること」を伝えるようにしましょう。保護者の心の安定が、子どもの心の安定につながります。
　どうしても話し合いが必要な場合は、病を抱えていない別の家族と話せるとよいでしょう。ただし、そのときは、病気を抱えている保護者が疎外感を感じないように、よい関係が維持できるような工夫も必要です。

適度な距離感を保つ

　慢性的な精神疾患を抱えた保護者の中には、不安定な心の状態から、頻繁に連絡をしてくる方もいらっしゃるかもしれません。そのときに、気をつけなければいけないのが「適度な距離感を保つ」ということです。
　適度な距離感を保つために、大切なことの1つは「話を聴き過ぎない」とい

うことです。保育者は、保護者を応援したいという思いから「私にできることがあれば……」と親身に耳を傾けることがありますが、親身になり過ぎることは避けなければなりません。「14：00～14：30の間は、電話に出ることができます」とあらかじめ話ができる時間を伝えることや、電話がかかってきたときに「（これから会議がありますので）15分、話すことができます」と伝えてから話を聴き始めるなど「時間の枠」を明確にすることが大切です。

また、個人の電話番号などの連絡先を伝えることは控えましょう。

これらのことは、保育者自身を守るだけではなく、保護者を守ることにもつながります。保育者は、保護者を、どんなときも継続的に支え続けていくことは不可能です。「ほどよい距離感」を一定に保つことが、安定した関係や、保護者の心の安定にもつながると考えられます。

1人で抱えず、チームでかかわる

大切なことは、保育者自身も無理をしないということです。「担任だから」「私を頼ってくれるから」「私が頑張ればどうにかなるから」と1人で抱えないようにしましょう。

「ほどよい距離感」というのは、言葉でいうほど簡単ではありません。相手との関係性や状況の中で、巻き込まれてしまうこともしばしばです。そのため、信頼できる同僚の先生に相談すること、関係のある先生方でチームをつくってかかわることが必要です。話し合うことで、自分の気持ちを整理できますし、チームでかかわることで冷静さを保つこともできます。保護者と保育者の間にいる「子ども」のためにも、1人で抱え込まないことが大切です。

> **ポイント**
>
> 1人で抱えないことが、ほどよい距離感を可能にする。

42. 発達障がいが疑われる子どもの保護者への理解

　「わが子が発達障がいかもしれない」ということを知ったとき、保護者の反応はさまざまです。「あぁ、やっぱり。私の育て方の問題ではなかった」とホッとすることもあれば、「そんなはずはない。ただ、他の子どもよりも少し成長が遅いだけ」と、すぐには受け容れられないこともあります。

　もしも子どもが発達障がいの場合、早期に療育や専門機関につなぐことは、とても大切です。しかし、保護者が子どもの障がいを受け容れることが難しいとき、保護者の気持ちに配慮せず対応してしまうと、保育者と保護者の信頼関係がこじれてしまうことがあります。それが、ひいては、子どもに悪影響を与えることさえあるでしょう。そのため、保護者の気持ちに配慮をしながら、支援していくことが大切です。

子どもの障がいを受容する保護者の気持ち

　障がい受容の段階は、「①ショック期、②否認期、③混乱期、④（受容への）努力期、⑤受容期」の5つのプロセスが考えられています（上田,1980）。

　発達障がいが疑われる子どもをもつ保護者の場合、「⑤受容期」に至るまで、多くの時間を有することは少なくありません。また、この①〜⑤のプロセスは、1つずつ着実に進んでいくのではありません。年度替わり、小学校への入学、行事などの「節目」において、保護者の気持ちは揺れやすいものです。そのため、プロセスも後退しやすく、いったりきたりを繰り返すこともあります。

　このように障がいを受容するまでのプロセスは容易ではないにもかかわらず、周囲は、つい「親なのだから、ちゃんと子どもの障がいと向き合ってほしい」「子どものためにも、ちゃんと現実を見てほしい」と考え、求めてしまうことがあります。そうなると、保護者は追いつめられ、防衛的になり、周囲とのかかわりを避けることさえあります。保護者の孤立は、子どもを孤立にしてしまいます。保育者が子どもの支援を考えていくためにも、まずは保護者の気持ちを理解することが大切でしょう。

「対応」より「理解」を

　そのため、まずは、保護者の気持ちが、今、障がい受容の段階①～⑤の、どの段階にいるのかを見立ててみましょう。できれば、保護者の話をうかがう中で、考えることができるとよいでしょう。大切なことは、現状分析ではなく、保護者の気持ちを理解することです。

　ときどき、なかなか耳を傾けてくれない保護者に対して「子どもの様子を見てもらったほうが早い」と、保育園に保護者を呼んで、子どもの様子を見せることがあります。しかし、それは、まだ障がいを受容できずに葛藤している保護者にとって、とてもつらいことです。さらにショックを受け、混乱し、ますます保育者との話し合いが難しくなることもあります。

　保護者へのかかわり方の指針をみつけるためにも、保護者が今どの段階にいるのかを考え、保護者の気持ちを理解することが大切です。

親と子どもの関係を見守ろう

　保護者は、子どもの障がいを受容するまでに葛藤したり、どのように子どもを理解しかかわったらよいのかわからず戸惑ったり、自分を責めることがあります。その結果、無気力になったり、自信を喪失したりすることもあります。子どももまた、親の心の状態に影響を受け、自己肯定感が低下することや、問題行動につながることもあります。

　このようなとき、親子が円滑に関係を築いていくために助けになるのが、保育者の存在であり、サポートでしょう。次節では、そのためのポイントについて考えていきます。

> **ポイント**
> 「対応」より「理解」を心がけよう。

引用文献：上田敏「障害の受容——その本質と諸段階について」『総合リハビリテーション』8 (7), 医学書院, 1980

43. 発達障がいが疑われる子どもの保護者へのかかわり

サポートのポイント

① 事実の報告から入らない

　発達障がいを抱える子どもの親の多くは、子どもについての苦情や意見を言われた経験をしています。保育者に対しても「何か言われるのでは」と防衛的になることがあるでしょう。そのため、子どもの問題行動などの「事実の報告から入らないこと」が大切なポイントになります。

② 子どもの「できていること」を伝えよう

　まず、子どもの「できていること」「よいところ」「頑張っていること」などを伝えましょう。親の安定は、子どもの安定につながります。

③ 「親のせい」ではない

　発達障がいは、基本的には、親の育て方の問題ではありません。しかし、親のかかわり方によって、子どもは大きく変わることができます。

　保護者が抱える不安の背景には、罪悪感があることが少なくありません。「妊娠中（出産時）のあのことが影響しているのではないか」「あのとき〜していたら違っていたのではないか」と思いめぐらしては、自分を責めて、苦しい気持ちを1人で抱えていることがあります。子どものためにも、親が自分を責めずにいられるサポートが大切です。

④ 障がいの正しい理解を

　情報不足は、不安を生みます。発達障がいの知識を得て、子どもに合ったかかわりができれば、子どもの発達を支えることができます。必要に応じて、情報を共有したり、本や専門機関を紹介できるとよいでしょう。

⑤ 親が取り組んでいることは肯定的に

　親の取り組みを肯定し、頑張りを理解し、その気持ちを支えましょう。

⑥「悩み」と「目標」を共有しよう

保育者と親が「同じ悩みを共有する」姿勢でかかわります。また、「あれも、これもできない」と保護者が不安になると子どもも混乱するため、「今の目標は、これ」と1つずつ決めて共有し、取り組むようにします。

⑦ 子どもの気持ちを一緒に考える

親が困っているとき、子どもも、親以上に困っているかもしれません。「困った子ども」から「困っている子ども」という視点を親と共有して、子どもの気持ちについて、保護者と一緒に考えてみるとよいでしょう。

⑧ 保育者が、コミュニケーション・モデルになる

どのように子どもにかかわったらよいのか戸惑っている保護者もいます。そのため、「こんなふうに工夫したら、1人でお片付けができるようになりましたよ」「静かな場所に移動して、背中をゆっくりトントンしたら落ち着くことができましたよ」など、子どもが「ⓐどんなときに、ⓑどんなかかわりをしたら、ⓒどうなったか」を伝えます。「こんなふうにしたら、子どもは、できるようになるのだな！」という情報は、保護者の安心感や、希望、やる気につながります。保育者が、保護者のよい手本になれるとステキですね。

⑨「先生と協力関係をつくるとよいことがある！」を経験する

子どもはこの先、小学校、中学校、高校……と長い学校生活を送ります。保育園で、先生と協力関係をつくると「子どもが成長する」「子どもにとってよいことがある」ことを経験した保護者は、小学校以降も、先生とよい関係を築く傾向にあり、子どもにもそれが反映されます。親が、保育園で先生との協力関係を築くことは、重要な体験といえます。

> **ポイント**
> 保護者の「やる気」と「希望」を支えることが、協力関係の構築につながる。

Ⅴ 保育者の自己成長のために

44．同僚との関係づくり

　保育者が、子どもや保護者との関係に悩んでも、それを支える同僚がいれば、しのげることが多いものです。しかし、同僚との関係がこじれてしまうと、ストレスを抱え、悩みが深刻化することがあります。
　よりよい保育のためにも、自分が楽しく仕事をするためにも、円滑に保育者同士の関係を築いていくことは大切な課題です。

言葉不足になっていませんか？

　たとえば、「この踏み台を片付けておいて！」と先輩のA先生に言われたB先生は、「え？　またすぐ使うのに、何で片付けるの？　このままのほうがいいのに」と、片付けないままにするかもしれません。そして、それを見たA先生は「片付けてって言ったのに！　ちゃんとやってよ！」と不満をもつかもしれません。A先生には、「子どもが踏み台で遊び始めた。子どもが怪我をすると心配だから、すぐに使うけれど、いったん片付けたほうがいい」という理由がありました。もしも、それをB先生に伝えていたら、きっとわかってくれたに違いありません。
　このように、忙しいときの会話は、言葉が足りなくなります。「～してください」「～します」という行動の「結果」だけを伝えるのではなく、「何のために」「なぜ、そうしたいと思ったか」などの理由も伝えることが、一緒に仕事をしていく上では必要です。

フィードバックと笑顔

　「笑顔」は、言葉以上に、お互いの気持ちをつなげてくれる効果があります。ここは「保育園」という場です。忙しいときこそ、皆が笑顔でいられることができたら、どんなにステキでしょう。さらに、心がけたいのは「フィードバック」です。私たちは、仕事をしているとき、スムーズに仕事がいくことがあたり前になっています。そのため、「うまくいっているとき」より「うまくいっていな

いとき」(問題が起きたとき)に、互いに声をかけ合うことが多くなります。

　子どもに対しても、褒めるよりも叱ることが多いと、その子どもは自信を失い、叱ってばかりの保育者の前では子どもは萎縮してしまいます。大人も同じです。うまくいっているときにこそ、言葉にして伝え合うことが、うまくいっていないときに協力し合える関係をつくります。

失敗を受け入れ、一緒に考える

　人間は完璧ではありません。誰にでも失敗はあります。大切なことは「失敗しないこと」ではなく「失敗したあと、どうするのか」です。失敗から学び、その経験を生かしていくためには、「失敗」を責めるのではなく、失敗した理由や、次に同じことが起きたときに「どうしたらよいか」と一緒に考えてくれる同僚の存在が大きいでしょう。

ほどよい距離感を保とう

　職場におけるほどよい距離感とは、「タテの関係」と「ヨコの関係」のバランスがうまくとれている関係です。タテの関係とは、仕事を進めていく上で必要な「役割関係」。一方、ヨコの関係とは、同僚としての関係や「個人的な人間関係」です。職場全体でよい人間関係を築いていくためには、タテの関係の中に、うまくヨコの関係を築いていくことがポイントになります。学生時代の延長で、つい「ヨコの関係」を重視してしまうと、人間関係で悩みを抱えることになるようです。プライベートなお願いは避けることも気をつけたいポイントです。

ポイント！

> 忙しいときこそ、うまくいっているときこそ、同僚と話し合おう。

参考文献：大竹直子「教師とのほどよい距離感」諸富祥彦編『できる校長・教頭の言葉の魔法』教育開発研究所, 2006

45. アサーション

　子ども、保護者、同僚との「関係づくり」が欠かせない保育者にとって、円滑に人間関係を築いていく力を身に付けることは課題です。そこで、お勧めしたいのが「アサーション・トレーニング」です。アサーションとは、自分のことも、相手のことも大切にした自己表現。相手に嫌な思いをさせずに、よい関係を保ちながら自己主張する方法ともいえるでしょう。

3つの対人行動

　私たちの対人行動は、次の3つに分けることができます。（「例」は、就業時間後、大切な用事がある日に、同僚の先生から「今日、残業してこの仕事やってしまいましょう！」と言われた場面での返答です。）

① **攻撃的な行動** ………… 自分は大切にするけれど、相手の気持ちを無視して自分を押しとおす行動。
例：「えっ！？なんで？　私、用事があるんです！残業なんてしませんから！」

② **非主張的な行動** ……… 自分の気持ちを抑えて、相手を優先し、泣き寝入りする行動。
例：「私実は今日……いえ何でもないです。そ、そうですね、わかりました」

③ **アサーティヴな行動** … 自分も相手も大切にした行動
例：「申し訳ありません。大切な用事があるので、早く帰らなければならないのです。明日は、その仕事が終えられるよう頑張りたいと思います。明日でも間に合いますか？　いかがでしょうか？」

　アサーションを学ばれたある先生は「自己主張って、してもいいんですね」と話してくださいました。「保育者は、皆とうまく関係をつくらなければいけない」という思いは、「怒らせてはいけない」「嫌われてはいけない」という気持

ちとなり、言いたいことが言えなかったというのです。それではストレスが溜まり、仕事も、人間関係も楽しくありません。

　大切なことは、「自分と相手"どちらも"大切にすること」です。アサーションを練習することは、相手と自分が「歩み寄る」「折れ合う」「尊重し合う」具体的な方法をみつける練習にもなります。このことは、円滑な他者との関係をつくるだけではなく、自分自身とも柔軟に付き合っていけるスキルにもなるでしょう。

DESC法 〜問題解決に必要な自己表現〜

　問題解決が必要な場面では、「DESC法」を用いるとよいでしょう。（「例」は、保護者との面談が長引いている場面の解決方法です。）

① D＝Describe（描写する）… 客観的、具体的な事実を述べましょう。
　例：「1時間が過ぎました」（×「1時間"も"」／あくまでも客観的に）
② E＝Express, Explain, Empathize（表現する、説明する、共感する）
　… 状況や相手に対する自分の気持ちを表現します。
　例：「今日は、〇〇さんとお話ができてよかったです」
③ S＝Specify（特定の提案をする）… 相手にしてほしいことを伝えます。
　例：「また日を改めてお話できたらと思うのですが、いかがでしょうか？」
④ C＝Choose（選択する）… ③で提案したことを相手が選択します。
　例：「はい」→「ありがとうございます」
　　　「いいえ」→「（それでは）〜はいかがでしょうか？」次の提案

ポイント

> 相手も自分も大切にする、
> よりよい関係をつくる練習をしよう。

参考文献：平木典子・沢崎達夫・野末聖香編著『ナースのためのアサーション』金子書房，2002

46. 助けを求められるようになろう

　保育者間の人間関係の中で、一番気をつけたいことは「孤立を防ぐ」ことです。声をかけ合うことも大切ですし、自分から「困っている」「教えてほしい」「助けてほしい」と発信できることも大切です。
　しかし、「私のために、忙しい先生方に時間を割いていただくのは申し訳ない」「力不足と思われたくない」「もう少し1人で頑張れば、どうにかなるかもしれない」と1人で抱えてしまうことがあるかもしれません。

意識を変えよう

　このように思ってしまう背景には、小さい頃からの習慣も影響しています。私たちは、幼い頃に「自分のことは、自分でしなさい」というメッセージを少なからず受けています。自分のことで人に時間をとっていただくこと、自分の問題を誰かに手助けしてもらうことが、あたかも良くないことのように感じてしまう人もいるのではないでしょうか。
　しかし、実際は、なんでも1人でできるわけではありません。私たちは、たくさんのつながり、人の支えがあり生活をしています。職場ではなおのこと、抱えた問題は「私の問題」ではなく「保育園の問題」としてとらえ、職員間で考えることが必要です。「助けを求めてもいい」ではなく「助けは求めたほうがいい」という意識をもちましょう。

助けを求めるのは「能力」である

　最初は、勇気がいるかもしれません。しかし、たとえば、1人の保護者に振り回され、抱え込んでしまった場合、日々の保育や仕事がうまくいかなくなることも起こりえます。そのときに、1人で抱え続けてしまうと、自信喪失し、弱音を吐けないまま、他の保育者から孤立していくという悪循環に陥ることさえあるのです。
　このようなことは、子どものためにも防ぐ必要があります。先生の心の不調

を敏感に感じるのは、子どもだからです。早めに弱音を吐き、悩みを打ち明けること、助けを求めることは保育者に必要な「能力」です。保育者には「助けを求める責任」が求められているのです。

助けを求められる「人」をみつけておこう

「助けを求めるのが苦手だなぁ」と感じる先生は、あらかじめ助けを求められそうな人をみつけておけるとよいでしょう。悩みを抱える前に、「何かあったら、この先生に相談しよう」とみつけておけると安心です。

さらに、「言い方」をみつけておくのもおすすめです。たとえば、「『困っています。教えてください！』とは言えないけれど、『○○先生、お忙しいところ申し訳ありませんが、ご都合のよいときにお時間いただけませんか？　教えていただきたいことがあるのです』という言い方なら言えそう」ということもあるでしょう。

弱音を吐ける関係づくり

「助けを求めるのは、能力である」という考え方は、管理職のリーダーシップのもと、職員全体で共有できるとよいでしょう。「何かあったら相談する」より「何もなくても話し合う」ことが、さらに助けを求めやすい関係を育みます。1日10分でも時間をつくって、お互いの気持ちを聴き合うことができるとよいでしょう。

ポイント！

> 保育者に必要な
> 「助けを求める能力」を身に付けよう。

参考文献：諸富祥彦・大竹直子「教師の人間関係の悩みとその対応策」『教育と医学』2002年3月号, 慶應義塾大学出版会

47. 管理職として、悩んでいる保育者と面談をするとき

「先生、ちょっとよろしいですか？」と同僚の先生に相談をもちかけられたとき、勇気をもって声をかけてくれたことに「よく話してくれましたね」という気持ちで、あたたかく向き合いたいものです。

悩んでいる保育者との面談は「一緒に考えていく」ことが重要です。

「聴く」＋「介入する」

まずは、ていねいに話を聴きましょう。傾聴の大切さはわかっていても、相手が保育者となると、つい状況を改善するために「こうしてみたら？」などとアドバイスをしがちです。しかし、気持ちをていねいに聴くこと。それが何より大切であることを心に留めておきましょう。

気持ちを十分に聴いたら（アドバイスではなく）「介入」をします。悩んでいる側は、アドバイスをされても行動に移す自信と気力を失っています。アドバイスをしたのに実行しないでいると、それが目につき「もっと〜したほうがいい」「言ったとおりにやってみなさい」と指導的なかかわりとなり、相手を孤立化させてしまいます。そのため、アドバイスだけではなく、一緒に問題に取り組むこと、介入することが必要です。「今、できること」を一緒に考え、取り組んでいけるとよいでしょう。

また、「毎日、労いの言葉をかけるようにする」「関連する本を貸してあげる」など、悩んでいる保育者に役立つ「何か」をすることもおすすめです。具体的なアクションは、「心にかけてくださっている」「応援してもらっている」というつながりを実感することができます。

かかわり方のポイント

① 感謝を伝える

悩んでいるときには、自信を失い、自分のよいところが見えなくなっています。日頃の感謝とともに、よいところ、頑張っているところ、助かっていること、

などを伝えましょう。

② プロセスを重視しよう

　たとえば、結果は「保護者との関係がこじれた」場合も、その「プロセス」について言葉にします。「話し合おうとしたことは、よく頑張ったと思いますよ」「子どもを思う気持ちが強過ぎて、そういう言葉になってしまったのね」などです。責任感の強い保育者は、「結果」が良くないと「私は、保育者としての適性がない」などと自分を責めてしまうことがあります。本人が気づいていない些細な貢献や成果について言葉で伝えることができるとよいでしょう。

③「原因探し」ではなく「目的探し」をしよう

　「どうして～？」「なぜ～？」など失敗の原因を追及すると、さらに追い詰めてしまいます。「失敗を通じて、学んだことはありましたか？」「次に同じことがあったとき、どんな点に気をつけたらよいだろう？」と、未来につながる話ができるとよいでしょう。

日常的なコミュニケーションを ～若い先生が求めていること～

　以前、就職3年以内の先生方を対象にしたある研修会で、こんなことを聴かせていただきました。「先輩の先生方からアドバイスをされると、自分に自信がないから『できない自分はダメな存在』と気持ちが追い詰められる。先輩の先生方から一番聞きたいことは、先生たちの若いころの失敗談」と。

　「教える関係」ではなく「仲間同士」としての会話と関係が日常の中にあることが、何よりの支えになるようです。

ポイント！

**悩んでいる仲間の「孤立」を防ごう。
一緒に考え、一緒に取り組もう。**

参考文献：諸富祥彦編『できる校長・教頭の言葉の魔法』教育開発研究所, 2006

48.「仕事を辞めたい」

　仲間である保育者が離職されることは、とても寂しいことです。もちろん、皆それぞれの人生があるので、離職することは悪いことではありません。しかし、「この仕事は好きだけれど、私に向いていないのでは？」「疲れた。仕事から離れたい」という気持ちであるならば、後悔しないためにも、よく考えてみることが必要です。周囲の協力で改善できることもあるかもしれません。1人で決めてしまう前に、信頼できる人に相談できるとよいでしょう。

仕事を辞めたいと思ったら

① 誰かに話してみよう

　「仕事を辞めたい」思いの背景には、さまざまな感情が入り混じっていると思われます。体や心の疲労、大きなストレスや問題があるかもしれません。1人で考えているときには、解決できないように思えることも、信頼できる人に話をするうちに解決策が見えてくることがあります。

　もしも、誰かに話す前に気持ちを整理したいときは、紙に書いてみるとよいでしょう。「なぜ辞めたいのか」「辞めなくてもいい方法があるか」「辞めてどうしたいのか（将来について）」「辞めてからの生活（お金、時間の使い方）」など、具体的に書いてみるとよいでしょう。

② ゆっくり休もう

　数日、仕事から離れてゆっくり休みましょう。体や心がすり減っているときには、あたかも退職するまで休むことができないと考えがちですが、数日間休暇をとって日常から離れてみることで、気持ちや状況が変わることはよくあるものです。退職は自分の人生にとって大切なことなので、元気になってから考えましょう。

③ 考える期間は長めに設定しよう

　「あと半年だけ、頑張ってから結論を出そう」「3カ月間、私の人生について

よく考えよう。その上で退職するかを決めよう」「あと1年、自分が変われるかやってみよう。それでダメなら保育者ではない仕事を探そう」など、結論を出すまで期間を設けることをおすすめします。

「仕事を続けながら」が難しい場合は、休職することをおすすめします。すぐに決断するのは、避けましょう。

仕事を辞めたいと相談されたら

① 説得するのではなく、話を聴く

「仕事を辞めたい」と言葉にする保育者には、さまざまな思いがあるでしょう。説得するのではなく、気持ちを大切に聴きましょう（説得されたとたん、辞める決意を固めてしまうケースがあります。注意しましょう）。同僚として冷静に聴くことが難しいときには、外部のカウンセリングを紹介するのも一案です。

② 客観的な「持ち味・長所・保育者としての特性」を話し合う

心身が疲弊し、自信喪失しているときには、「この先、保育者としてやっていけない気持ち」になっていることがあります。お世辞ではなく、客観的な意見として、その先生が保育園にとってどのような存在なのか、持ち味や特性について話し合うと、保育者としての将来像が見えてきて「本当はどうしたいのか」が明確になることがあります。その後、それを活かすための具体的なサポートを提案し話し合えるとよいでしょう。

体調不良が伴う場合は、休暇や休職をすすめ、時間をかけて、その方にとって一番よい選択ができるようサポートしましょう。

> **ポイント**
> 後悔しないように、時間をかけて、元気なときに、判断しよう。

49. 保育者のメンタルヘルス

　保育者が、自分らしくイキイキと仕事をしていくためには、健康で、元気でいることが大切です。忙しく過ごす中、つい自分のことは後回しになっていませんか？　疲れやストレスで負担のかかった体や心は、必ずサインを発してきます。そのサインに気づき、早めに対処することが大切です。

心のサイン・体のサイン

　ストレスや心身の疲れは、目に見えません。しかし、私たちの体や心にさまざまな形で表れます。
　頭痛、肩こり、腹痛、食欲の変化（不振・過食など）、睡眠の変化（不眠・中途覚醒・悪夢など）、めまい、耳鳴り、下痢・便秘などは、"体"のサインです。不安、落ち込み、怒り、無感覚、「仕事に行きたくない」「人に会いたくない」「以前は好きだったものに興味がなくなる」など、"心"に表れるサインもあります。また、「私は迷惑ばかりかけているダメな存在だ」「みんな自分勝手だ」という"考え"になることや、集中できない、判断ができない、ボーッとする、攻撃的になる、泣く、飲酒・喫煙など"行動"に表れることもあります。
　このようなサインは、放っておくと、うつ病になる危険もあります。休息する時間をとる、リラックスできることをしてみる、1人で抱え込まず誰かに話してみるなど、するとよいでしょう。そして、それでも改善されない場合は、早めに病院に行くことをおすすめします。

同僚の不調に気がついたら

　同僚の様子に、周囲が「おやっ？」と気づくことがあります。うつ病になりやすい人は、まじめで、頑張り屋さんが多いため、「自分さえ、頑張れば」「人に迷惑をかけるわけにはいかない」と考え、仕事を休むこと、病院に行くことを後回しにします。
　自分の不調に気づくことなく、自分の力不足や、頑張りが足りないと自分に

対して叱咤し続けていることさえあります。周囲が同僚の異変に気づいたら、声をかけ合うことも大切でしょう。3カ月〜半年に1度、職場で、「メンタルヘルス・チェックシート」などを活用し、客観的に自分自身についてチェックしてみる機会を設けることもよいでしょう。

大切なことは「本人の自覚」と「周囲の協力」

　心の病気は、心をゆっくり休めることが大切です。仕事を休み、体はゆっくりできているけれど、自分を責めたり、復帰を焦っていては心は休まりません。体調が回復し職場に復帰をしても、「迷惑かけた分、頑張らなきゃ！」と焦り、頑張り過ぎることによって、再び体調を崩すこともあります。

　こうならないためには、「本人の自覚」と「周囲の協力」が必要です。そのため、「どうしたら心が休まるのか」「頑張り過ぎずにいられるか」など、同僚（特に、管理職）と話し合えるとよいでしょう。心のエネルギーが回復していくのには時間がかかります。このようなことを共有しておくことは、ゆっくり病気と付き合っていく上で大切なことです。

　職員全体がこうした意識をもつために、近隣の病院（精神科）の医師を園内研修などにお呼びするのもおすすめです。大人や子どもの心の病気について理解を深めることができるほか、お互いに顔を合わせておくと、必要なときに連携することが可能になります。また、調子の悪いときに「先生のところに行ってみようかな」という気持ちになりやすいようです。

ポイント！

みんなが健康な職場づくりは、本人の自覚と周囲の協力が必要。

参考文献：大竹直子「専門機関の活用と連携」『教職研修』No.391, 教育開発研究所, 2005

50. 思い込みからの解放

　「保育者は、嫌われてはいけない」「保育者は、失敗してはいけない」という思い込みはありませんか？——このような思い込みは、悩みを抱えたときに、自分を追い詰め、気持ちをつらくします。
　このような思い込みは、論理療法で「イラショナル・ビリーフ（不合理な思い込み）」と呼ばれているものです。「保育士」「保育者」という専門職ならではのイラショナル・ビリーフもあるかもしれません。

「イラショナル・ビリーフ」から「ラショナル・ビリーフ」へ

　自分がもっているイラショナル・ビリーフを、「ラショナル・ビリーフ（合理的な信条）」に書き換えてみましょう。

①「保育者は、子どもや保護者から、嫌われてはいけない」
→　嫌われないに越したことはない。しかし、皆それぞれパーソナリティがある以上、合わない人だっている。いろいろなタイプの先生がいるのが保育園のいいところ。大切なのは嫌われないことではなく、安心できる関係を築くことだ。

②「保護者からの質問には『わかりません』と言ってはいけない」
→　質問に答えられたらいいけれど、保育者だって知らないことがあっていい。「他の職員に聞いてみますね」「気になりますね、調べてみましょうね」と、できる範囲を示すことができればいい。

③「保育者は、すべての子どもを、かわいいと思わなければならない」
→　すべての子どもを「かわいい」と思えたらステキなこと。けれど、かわいいと思えないことだってある。私は、子どもを「かわいい」と思えないこともあるけれど、子どもにとって安全な環境をつくり、見守り、かかわることができている。

④「保護者からのクレームは、自分の力不足のせいだ」

→　保護者からクレームがつけられることだってある。そもそも保護者の言葉は、「クレーム」（苦情）だと思い込むのはやめよう。自分を信頼しているからこそ、率直に、否定的な気持ちを伝えてくれたのかもしれない。否定的なことを言われたことが問題なのではなく、今後どうかかわっていくかが大切だ。今は、チャンスなのだ！

思い込みからの解放をめざして

　ふだん、「〜しなければならない」「〜べきだ」という言い方をしがちな方は、「〜に越したことはない」「〜したほうがいい」「〜したい」という言い方に変えることから始めるとよいでしょう。「〜しなければ」という言葉は、ときには自分や相手を追い詰めます。

　たとえば「公平であるべき」と考え、行動することも間違いではありません。しかし、その思い込みから解放され「公平であるに越したことはない。しかし、それが難しいこともある」と考えることができると、「おたがいさま」というあたたかい助け合いの関係を経験できるかもしれません。自分にも、周りにも優しくなれると、ストレスを抱えることも少なくなるでしょう。

　誰にでも、「思い込み」はあります。日常を思いめぐらして「私には、どのような思い込みがあるだろう？」とチェックしてみることも大切です。自分の心にプレッシャーをかけている「思い込み」に気づき、向き合うことは、他者への見方、付き合い方にも、あたたかい変化をもたらしてくれると思います。

> **ポイント**
>
> 「〜するべき」を「〜できたらいい」に言い換えてみよう。

参考文献：平木典子『カウンセリングの話』朝日新聞社，2004

51. ストレスとの上手な付き合い方

　「ストレス社会」といわれる現代、保育現場においても、毎日さまざまなことが起き、ストレスを抱えてしまうことがあるでしょう。できるだけストレスを抱え込まないように、工夫をすることも大切です。

ストレス・コーピング

　ストレス・コーピング（ストレスの対処法）は、「積極行動型」「気晴らし型」「否認型」「回避型」の4つに分類できます（保坂, 2011）。

　たとえば、ある日、同僚の先生から心ない言葉を言われショックを受け、気分が落ち込む（ストレス状態）ことがあったとします。そのとき、「積極行動型」の対処とは、直接本人と話し合いをするなど、積極的に問題を片付けようとするタイプです。「気晴らし型」は、ショッピングに行く、気の合う仲間と食事に行くなど、ストレスを発散するタイプです。「否認型」は、「きっと機嫌が悪かったのだろう」や「悪気はなかったのかもしれない」とストレスとなる問題を見ないようにする、自分のとらえ方に結論を出さず先送りするタイプです。そして、「回避型」は、できるだけ同僚の先生と接点をもたないようにするなど、ストレスそのものを回避するタイプです。

　多くの場合、私たちは、自分なりのコーピングのパターン（偏り）をもっています。しかし、大切なことは、この4つのコーピングをバランスよく使っていくことです。よく「回避は、するべきではない。問題にしっかり向き合わないと」と考える先生もいらっしゃいますが、自分ではどうしようもできないこと、心のエネルギーが回復するまで向き合えないこと、状況が変わるまでタイミングを待つこと、が大切なこともあります。不安が強く、つい悪い方向に考えがちな先生は「否認型」を意識的に取り入れてみることも大切でしょう。

　自分に合った気晴らしの方法をもっていることも、積極的に行動できるように相談できる人をみつけておくことも、ストレスを抱える前にできること（予防）の1つです。

理解はストレスの軽減につながる

　私たちは、ストレスを感じたとき「あぁ、つらい」「嫌な気持ちだ」と自分の感情ばかりに目がいきます。そのとき、自分自身を傾聴し「嫌な気持ちがあるね」とそのまま認めることができると、嫌な気持ちは小さくなり、心が落ち着きます。しかし、「クヨクヨするな」と自分を責めたり、あれこれ考え始めると、嫌な気持ちは増し、心はどんどん苦しくなります。

　このときに、立脚点を自分から相手に移して「相手はどんな心の状態だっただろう」「自分はどう見えていただろう」と想像してみると（俯瞰するように眺めてみると）、相手の気持ちに歩み寄れることがあります。このような相手への理解は、ストレスの軽減につながります。

自分を責め過ぎない・頑張り過ぎないための工夫

　そのほか、おすすめの工夫は、ストレスによって自分の中に生じた感情に「○○虫」（イライラ虫、クヨクヨ虫など）と名前を付けて付き合う方法です。これを「外在化」といいます。私の中にいる○○虫ととらえることで、「自分」と「○○虫（感情）」を分けてとらえることができ、間がとれ、その感情と付き合いやすくなります。

　また、「まっ、いいか！」と（そう思えなくても）声に出して言ってみるのもよいでしょう。筆者自身は、元気がないときは、「元気で笑顔の自分の着ぐるみ」の中に入るイメージをつくってから仕事に出かけることがあります。（気持ちが守られ、頑張り過ぎずにすみます。）自分に合った工夫がみつかるとよいですね！

ポイント！

> **ストレスとうまく付き合えるような工夫をみつけておこう。**

引用・参考文献：保坂隆『災害ストレス』角川書店，2011
　　　　　　　諸富祥彦監修，大竹直子著『自己表現ワークシート』図書文化社，2005

52. 自分を受け容れる

　どんな自分も受容することは、簡単なことではないかもしれません。しかし、自分とよい関係をつくらずに、保護者や同僚とよい関係を築くのは難しいでしょう。他者受容をするためには、自己受容することが大切です。他者とよりよい関係を築いていくためには、自分とよい関係をつくることが大切です。

フォーカシングに学ぶ、自分との付き合い方

内側との関係（inner relationship）3つのタイプ（アン・ワイザー・コーネル）

（大澤,1999）

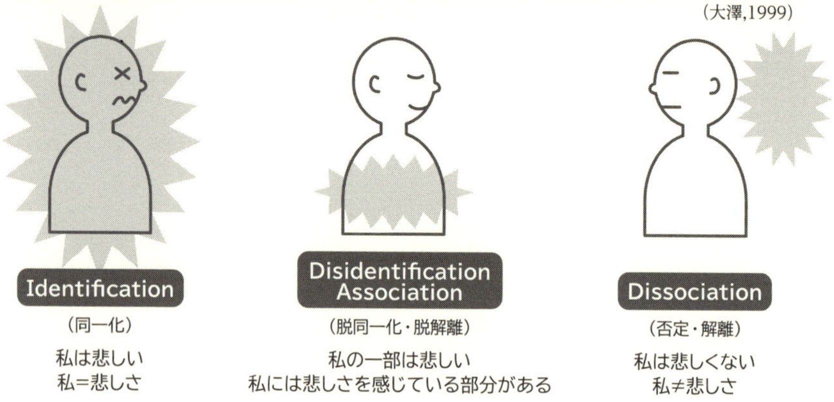

Identification	Disidentification Association	Dissociation
（同一化）	（脱同一化・脱解離）	（否定・解離）
私は悲しい	私の一部は悲しい	私は悲しくない
私＝悲しさ	私には悲しさを感じている部分がある	私≠悲しさ

　図は、「フォーカシング」（気持ちと上手に付き合う方法、心の声を聴く方法）における「自分の内側との関係」を表したものです。ここから、自分の気持ちとの付き合い方を学ぶことができます。

　たとえば悲しい気持ちでいるとき、まるで自分が悲しみに覆われているような気分でそこから抜け出せなくなったり（図：左側）、「悲しくなんかない！」と自分の気持ちを見ようとしないことがあるかもしれません。これらは、よい付き合い方とはいえません。図の中央のように、「私はここ、悲しさはそこ」と「私」と「感情」を同一化・離離しないで、付き合うことが大切です。「私の中に、悲しい気持ちがある」とそのまま認めていきます（言葉で言ってみることをおすすめします）。「私」と「感情」に間が取れると、気持ちと付き合いやすくなります。

また、感情を追い出すのではなく「そこにある」と認めると、気持ちに居場所が与えられ、気持ちは小さくなります。

どんなときも、心には言い分がある

　仕事をしていると、一生懸命頑張っていても失敗をすることがありますね。心ない言葉をかけられることも、うまく関係がつくれないこともあるでしょう。すると、うまくできなかったことに対して、自分を責めることや、自分が無力に感じて落ち込むことがあるかもしれません。

　しかし、その場で起こることは、場の状況、相手、そして自分があいまって起こる、科学反応のようなものです。結果として失敗してしまいましたが、そのときの自分は、自分なりに精一杯であったはずです。だから、反省はしても、自分を責めること、否定することはやめましょう。

　自分の心の言い分にやさしく耳を傾け、自分を受け容れてみましょう。その上で、「今、私にできること」「今度、同じ状況になったら、こんなふうにしてみよう」と具体的に考えていけるとよいでしょう。

　どんな自分も大切な自分です。心の言い分に耳を傾け自己受容できるとき、他者をも受容し、より自分らしく生きることができるでしょう。

> **ポイント !**
>
> **自分の心の声に耳を傾けよう。
> 自分を受け容れてみよう。**

引用・参考文献：アン・ワイザー・コーネル著，大澤美枝子・日笠摩子訳，諸富祥彦解説『やさしいフォーカシング』コスモスライブラリー，1999

　　　　　　　Gendlin, E.T., 1982, *Focusing*, BantamBooks

　　　　　　　大澤美枝子「フォーカシング」ヘルスカウンセリング学会編，宗像恒次監修『ヘルスカウンセリング事典』日総研出版，1999

　　　　　　　大竹直子「カウンセリングに学ぶ対応のあり方　フォーカシング」『児童心理』No866，金子書房，2011

53. 自分らしさを保育に活かそう

　イキイキと楽しく仕事をすることは、自分自身のためにも、子どもたちのためにも、そして保育園のためにも大切です。

"How" より "What"

　自分らしさを保育に活かそうとするとき、「どうしたら（How）、自分らしさを保育に活かせるだろう？」と考えがちです。しかし、肝心なことは「自分は、保育の何を（What）大切にしたいのか？」「保育において、何が（What）したいのか？」です。"What" は、自分らしさ（価値観）やありたい姿（ビジョン）と通ずるものですが、押しつけられるものではなく、自分の中から引き出すものです。つまり、自分らしくイキイキと働くためにも、"How" をみつけるためにも、自分にとっての "What" に気づいていることが必要です。

楽しいときは、いつですか？

　"What" は自分の中にすでにあります！　しかし、それがわからない場合、日常の中で、「楽しいときは、いつだろう？」「夢中になっているのは、どんなときだろう？」と思いめぐらしてみるとよいでしょう。
　「ピアノを弾くのは苦手。でも、絵本の読み聞かせには自信がある」や、「季節ごとに保育園の玄関に貼りだす、かわいい掲示物を作成するのが大好き」「私はお花が大好きでお花の名前をたくさん知っている。子どもたちと、園庭を歩きながら、それを教えてあげるとき、保育者になってよかったなーと思う」という先生もいらっしゃるでしょう。また、「保育ではまだ自信がないけれど、先生方のお手伝いは得意」という先生もいらっしゃるかもしれません。それが、ご自身の "What" や、そのヒントかもしれません。
　自分にとっての "What" が具体的に見えてきたら、それを行動に移してみましょう。それを大切にする意識をもち、自分も楽しめるように力を入れて活動してみましょう。

「私は、これが好きです」「こんなことが得意です」と同僚の先生方にアピールできると、さらによいでしょう。それにより、活動する機会や、活躍する場ができるかもしれません。自分らしさを保育に活かせたときは、自分だけではなく、周りの人たちも幸せになります。

新任の先生へ

職場には、自分らしさを活かして、イキイキと働いている先輩の先生方がいることでしょう。そのような先輩を見ていると、自分が不十分な保育者に思えてしまうことがあるかもしれません。しかし、先輩の先生方と同じようにできるはずはないのです。「自分らしさを保育に活かす」までには、仕事を覚えること、慣れることが必要だからです。

「もっと頑張らなきゃ」「ちゃんとやらなきゃ」と漠然と思っていると、いくら仕事がうまくいっていても、足りないところが目について不安になってしまいます。

そのため、年度ごと（半期ごと）に到達目標を決めながら、仕事をするとよいでしょう。「新任（1年目）。今年度は、仕事を覚えることが大切。"わからないことは聞く"ことを目標にしよう」「2年目の今年、保護者との関係づくりが課題。○○先生をお手本にしよう。まずは、先生を模倣して、かかわりのコツをつかもう」など、具体的な目標を立てます。

時折、目標に立ち返り、自己成長を感じながら仕事をすることが、自分にとっての"Ｗｈａｔ"をみつけやすく、自分らしさを保育に活かすことにつながると考えられます。

> **ポイント**
> **イキイキ保育をするために、
> "自分らしさ"を引き出そう。**

参考文献：平本相武『コーチング・マジック』PHP研究所，2005

54. 楽しい職場を目指して

　保育園の財産は、「職員間のチームワーク」です。難しい保護者も、問題を抱える子どもも、地域へのかかわりも、チームだからこそ、必要な支援が可能になります。1人で抱え対処しようとすると、問題はこじれ、保育者自身も追い詰められます。

　保育者みんなが笑顔でいる「楽しい職場」とは、このように「チームワークができている職場」ではないでしょうか？　チームワークは、1人1人が、他者と「つながろうとする気持ち」「チームで（園で）やっていこうという気持ち」があるからこそ、育っていくものでしょう。

楽しい職場とは？

　あなたにとって、「楽しい職場」「よりよい職場」とは、どのような職場ですか？ 嫌なことがあったときや、性格の合わない人がいると、それだけで「楽しくない」という気持ちになり、「ここは楽しい職場じゃない」と考えてしまうことがあります。しかし、不満のない人間関係はありません。ときには不満をもち、ギクシャクしながらもお互いに関係を築き続けることが、よりよい関係や環境をつくります。

　漠然と「楽しい職場」を目指すと、かえって不満を感じるものです。そのため、「私にとって、楽しい職場とは？」を言葉にしてみましょう。「職員である私が目指すこと」や、「職場がどうあったらよいのか」が具体的に見えてきて、心がける行動が明確になるでしょう。

時間をつくる

　「チームワークづくり」における一番の問題は、コミュニケーション不足ではないでしょうか。忙しいこと、世代の違いによる価値観の相違などが、その理由にあるかもしれません。このような問題点は、ときには複合します。すると悪循環となり、チームワークが崩れていきます。

① お互いを支え合う「場」をつくろう

　それを防ぐためには、お互いに支え合える「場」をつくることです。

　居心地のよい部屋（職員室）をつくることも大切です。会議の後、10〜20分、4, 5人のグループに分かれて、気持ちを語り合う（聴き合う）時間をつくるとよいでしょう。「交換ノート」を職員全員で回すことで成果を上げている保育園もあります。その場合、負担がかからないように「パス有」というルールにしておくとよいでしょう。言葉で言えないことも、ノートなら安心して書ける、言葉をかけられることがあるようです。

　このような「場」があると、他の保育者の気持ちや抱えている状況が感じられ、「悩んでいるのは自分だけではない」「悩んでいることは、恥ずかしいことではない」という意識が生まれます。何か不安や問題を抱えたとき、早めに表現するきっかけにもなるようです。

② 管理職がリーダーシップをとろう

　場づくりは、管理職のリーダーシップがあってこそ可能となります。そのために、管理職がカウンセリングやコーチングを学ぶこともおすすめです。リーダーとしてチームワークを高めるために必要な姿勢やスキルを身に付けることができるでしょう。

③「ありがとう」「お願い」「ごめんなさい」

　これは、「コミュニケーション三種の神器」です！　日頃から、これらの言葉を意識して、お互いに声をかけ合う、気持ちを伝え合えるとよいでしょう。（参照「助けを求められるようになろう」p.96）

> **ポイント**
> 職員全員の意識で
> 楽しい職場をつくろう。

引用・参考文献：大竹直子「教師の自己成長を促すチームワークづくり」『教育と医学』2008年2月号, 慶應義塾大学出版会

55. 保育カウンセリングを学び続けるために

　保育現場は、日々さまざまな問題を抱えます。子どもや保護者の悩みの支援も求められます。こうした問題や悩みに柔軟に対応していくためにも、本書をきっかけに保育カウンセリングを学び続けていただけるととても嬉しいです。保育カウンセリングの学びは、保育者としての自己成長にもつながり、自分の人生を豊かにしてくれます。

保育者のための、保育カウンセリングの学び方

Step1　目的を明確にする

　「保育カウンセリングを学びたい」と思う理由には、どのようなことがありますか？「保護者の悩みを支援する方法を学びたい」「同僚と円滑な人間関係を築きたい」「子どもの心を育てることに興味がある」などがあるかもしれません。スタートは、こうした「今、知りたいこと」「興味のあること」を本や研修会で学べるとよいでしょう。

Step2　理論学習

　Step1で、興味のあることについて具体的な方法や考え方を学ぶと、もとにある理論を深く理解したくなります。それが次のステップです。
　理論学習は、本を読むことでも可能ですが、研修会や講座で学ぶことができるとよいでしょう。すでにカウンセリングを勉強されている先生が周囲にいらしたら情報をいただくとよいと思います。

Step3　自己理解

　理論学習をすすめていくと、理論によって「わかるなぁ」とか「この考え方はしっくりこないなぁ」などと、自分の気持ちの反応が異なることに気づきます。たくさんある理論の中で、心が惹かれたり、身に付いていくものは、自分の価値観や保育観などに合っているからです。
　そのため、日常の保育活動、自分の経験、自分の気持ちに照らし合わせなが

ら体得していくことができるとよいでしょう。自己理解のための体験的なワークショップに参加することもおすすめです。

Step4　スキルの習得

自己理解が進むと、自分の課題が見えてきます。その課題を１つずつ明確にして、日々の中で実践していくこと、練習していくことができるとよいでしょう。同僚の先生方と勉強会を開いたり、園内研修会で実施することも効果的です。

Step5　事例検討

保育者が学ぶカウンセリングは「現場で生かせてこそ！」です。そのため、「今、気になっている事例」を振り返り、検討し、そこから気づき、学んでいくことが大切です。１人で振り返ってみることも有効ですが、同僚の先生方と一緒に検討することができると、さまざまな視点で考えることができます。大切な事例を共有できて大変有効です。

※研修会や講座は、地域の保育園協会や協議会でも開催されています。また、全国私立保育園連盟で開催している「保育カウンセラー養成講座」は、理論を体験的に学べる充実した内容です。全国の保育者との交流も、たくさんの気づきと学びの機会になっています。ぜひ、おすすめです！

多くの保育者は、すでに多くの実践があり、そこから得た経験があります。そこに、カウンセリングの「理論」や「技法」が加わることで確信や自信につながるでしょう。保育者が「自分のための時間」「自己成長のための機会」をもつことは、保育園にとっても大きな力となります。

> **ポイント**
>
> **実践につなげながら１つずつ学ぶ。**
> **学ぶ場や仲間をみつけよう。**

引用文献：大竹直子「カウンセリングの学び方」諸富祥彦・水野治久・大竹直子編『教師が使えるカウンセリング』ぎょうせい，2004

おわりに

　本書は、これまでお会いし、気持ちを聴かせてくださった皆様を思い出しながら、皆様に向かってお話をしているような気持ちで書きました。読んでいただき、少しでも元気が出たり、気持ちが安心したり、ご自身を肯定していただけると嬉しい……そんな祈りをこめて書きました。

「安心できる関係」再考

　このように書いた本書ですが、書き終わり、読み返したとき、気がついたのです！　本文には「安心できる関係」という言葉が、なんと多いことでしょう！

　「安心できる関係」は、私がカウンセラーとして仕事を始めたときから、今日までずっと大切にしつつも、それが一体何であるのか問い続けていることです。「安心できる関係」と言葉でいうのは簡単ですが、実際に、目の前のクライエントさんとの関係で築くことは容易ではありません。心地よいお部屋をつくれば、脅威を与えないようにかかわれば、安心していただける、というものではありません。いつも「安心できる関係を築いているだろうか」「クライエントさんは、安心できているだろうか」という問いを、心の中で繰り返しています。

　しかし、カウンセラーとしての経験の中で「安心できる関係」について、わかったこともあります。それは、カウンセラーである私自身が「安心」できていなければ、相手と「安心した関係」がつくれない、ということです。「安心」は、その場で、取り繕うことができません。「安心しているフリ」は、すぐに相手に伝わってしまいます。そのため、いつも「安心している自分」でいられるよう、それを大切に生活したいと思うようになりました。

　私自身は、自分にとって大切なこと、大切な人、大切な場所を「大切」にできているとき、安心しています。不十分な自分、みじめな自分、ダメな自分という自分の部分があることを認め一緒にいられるとき、安心しています。また、季節の変化や、風の匂い、鳥の声を感じられる心のスペースがあるとき、安心しています。自分の生活や体や心を支えてくれている人や物の存在を思い出すとき、安心しています。

　本書を読んでくださった先生方も、「安心している自分」でいるために大切なこと、必要なことを、ぜひ思いめぐらしてみてください。そして、できれば、

それを大切にしてくださいますように。きっと、先生ご自身と「かかわり」や「つながり」をもっている子ども、保護者、同僚の先生方との関係性が、じんわりと「安心」できる雰囲気に変化すると思います。(「安心感」は、関係性の中で「伝染する」ようです!)

　子どもは、先生や親の笑顔が大好きです。子どもが、先生方や親を見て「早く大人になりたいなぁ!」「生きるって楽しいな!」という希望をもって、日々を過ごすことができますように。そのためにも、先生方が「安心感」をもっていられますように。笑顔で、楽しく、毎日を過ごすことができますように。保育者という素晴らしい仕事を誇りにし、自分らしく仕事をすることができますように、切に願っております。

感謝をこめて

　これまでお会いした、全国の先生方、保護者の皆様、子どもたちに感謝と御礼を申し上げます。講演会や研修会でお会いするとき、私が元気をいただいていました。また、いつもあたたかく見守ってくださる全国私立保育園連盟「保育カウンセラー養成講座」のスタッフの先生方と皆様にも心から感謝を申し上げます。先生方とスタッフの方がいてくださり、ご示唆くださることで、保育カウンセリングを深め、皆様にお伝えすることができています。

　また、保育カウンセリングの世界に導いてくださり、「自己成長」「自己生成」を大切に寄り添うカウンセリングを教えてくださった清水幹夫先生、現場で使えるカウンセリングという視点と考え方を教えてくださった諸富祥彦先生、フォーカシングをとおして自分とよりよい関係をつくることを教えてくださった大澤美枝子先生にも感謝を申し上げます。

　最後になりましたが、金子書房の池内邦子さんにも、大変お世話になりました。私の気持ちを大切にしていただきながら、細やかなお心遣いでサポートしてくださいました。心より感謝を申し上げます。

2014年6月　大竹直子

著者プロフィール

大竹直子　おおたけ なおこ

千葉大学（カウンセラー）、法政大学・大学院、兼任講師。臨床心理士、公認心理師。千葉大学大学院教育学研究科学校教育臨床専攻修了（教育学修士）。企業勤務、公立小学校・中学校、私立中学校・高等学校スクールカウンセラーなどを経て現職。著書に、『自己表現ワークシート』（監修、諸富祥彦）『自己表現ワークシート2』（ともに図書文化社）『教師が使えるカウンセリング』（編著）（ぎょうせい）など。2004年より、全国私立保育園連盟主催の「保育カウンセラー養成講座」にて、初級講座などを担当。2011年には、『保育通信』（公益社団法人全国私立保育園連盟）にて、1年間にわたり「テキスト保育カウンセリング」を連載。「安心感に満ちた楽しい保育園」「健やかな子どもの育ち、保護者の支援」のために奮闘している全国の保育者を応援活動中。

本書は『保育通信』連載「テキスト保育カウンセリング」（2011年4月号〜2012年3月号，公益社団法人全国私立保育園連盟）を、修正・加筆し、再構成したものである。
なお、本書記載の事例は、個人が特定されないよう一部を改変した。

やさしく学べる　保育カウンセリング

2014年 8月28日　初版第1刷発行
2024年 8月30日　初版第8刷発行

著　者	大竹直子
発行者	金子紀子
発行所	金子書房
	〒112-0012　東京都文京区大塚3−3−7
	電話　03（3941）0111代　FAX　03（3941）0163
	振替　00180-9-103376
	ホームページ　https://www.kanekoshobo.co.jp
カバーイラスト	天満胡春
装丁・デザイン	長尾敦子
本文レイアウト	山口華代（長尾事務所）
印　刷	藤原印刷㈱
製　本	㈲井上製本所

Ⓒ 2014, Naoko Otake
Printed in Japan
ISBN978-4-7608-3613-0　C3011